道徳を基礎づける

孟子vs.カント、ルソー、ニーチェ

フランソワ・ジュリアン 著
中島隆博、志野好伸 訳

講談社学術文庫

日本の読者へ

最初から白状してしまおう。道徳を基礎づけよという本書の命令は、今日のヨーロッパの常識では、むしろ逆なのだ。昨今、推奨されているのは、道徳を基礎づけるなということである。それは、道徳を形而上学的で宗教的なしがらみから解き放って、片をつけなければならないというだけではない。ニーチェの思想が道徳に懐疑を向けた後では、道徳を、道徳それ自体から始めて、その固有の基盤の上に「基礎づける」ことは、もはやできないだろうということでもある。人文科学が教えてきたことをすべてふまえた上で、今日でもなお、道徳の自律を想像することはできるだろうか？前世紀の初めにヴァレリーが指摘したように、今日のヨーロッパにおいて、「徳」についてあえて語ろうとすれば、失笑されかねない。それは「道徳」について語ろうとする場合も同様で、それだけわたしたちは、退屈なお説教を嫌がっているのだ。そのため、道徳をまだ我慢できるものとするために、わたしたちはそれを「倫理」という言葉にこっそりしまいこむ……。

では、わたしは、こうした支配的なイデオロギーと時代の空気に、正面から反対しようとしているのだろうか？　ご安心あれ、わたしのここでの仕事は、決してイデオロギー的ではなく、批判的であろうとしている。つまり、わたしたちを解放する振りをしながら明らかに圧迫してくる、新しい支配的なイデオロギーに対して批判的なのだ。なぜなら、わたしたちは二世紀にわたってあれこれ論じてきたにもかかわらず、ご存じの通り、啓蒙思想に対して決着をつけられなかったからである。啓蒙思想とは、十八世紀に、とりわけルソーからカントにかけて、道徳にその固有の基礎づけを与えようと試みたものだ。ルソーは「憐れみ」から、カントは「理性」から。しかし、これらの当の諸概念の配置（理性的なものvs.感性的なもの、等々）は、決定的に硬直したものに見える。しかも、二項対立からなるこうしたお芝居は、もはやわたしたちにはほとんど訴えかけてくるものがない。けれども、わたしたちは常にそれに支配されているのである。たとえそのことに気がついていないにせよ、たとえ歴史がその後どんなにもつれて見えたとしても、わたしたちは依然として啓蒙思想に支配されているのではないか。

それゆえ、わたしは、わたしたちの思想史の断片に戻り、そのもつれをほどくために、ニーチェも採用した次のような迂回策を採ることにした。つまり、わたしは、わたしたちの思想史を、道徳に関するヨーロッパ以外の他なる思想から問い直すことで、再読することにしたのである。わたしはその他なる思想を、時間的にも空間的にも最も遠くに探し求めた。それは、日本のみなさんの身近にある思想、すなわち「極東」の、古代中国の思想である。より正確に言えば、孟子の思想である。

わたしのこの選択は、恣意的だろうか？　そうではないだろう。なぜなら、古代中国の儒者たち、とりわけ孟子の心を占めていたのも、まさに道徳の基礎づけという問いであったからだ。また、十七世紀と十八世紀に極東にやって来たヨーロッパの宣教師たちが、まず孟子（Mencius とラテン語表記されたほどだ）の中に、東洋の道徳思想を見いだしたからである。そして、今日ヨーロッパにおいて感じられる道徳の基礎づけの思想に対する無関心は、みなさんのところでもまた同様であって、儒家思想に対しても、今日の極東ではあまりに無関心である。どちらの側にしても、こうした思想は、支配的なイデオロギーによって長い間疎外され、伝統や古い理論的定式と混ざり合ったために、もはや読みうるものではなくなってしまったのだ。

それゆえ、わたしは視線を交差させるほかないと思った。向かい合うことによって、わたしは埋没している互いの伝統を救い出そうとしたのである。それによって、どちらに対しても、新しい読解可能性をもたらそうとしたのである。

したがって、みなさんは東洋学を専攻している西洋の哲学者の歩みがどんなものかを眼にすることになる。いや、より正確には、哲学の如何《いかん》ともしがたい行き詰まりに対する、わたしの戦略がどんなものかを見ることになるだろう。わたしは、思考の二つの伝統それぞれを、トートロジー（同一性に回収される論理）に閉じこもってしまう場所から引き上げて、対峙させることにした。外の思考を介入させることで、どちらの側においても、内の思考を乱調させようというのである。というのも、たとえカント（あるいはルソー）の思考と孟子の思考が合致するにしても、それは影響関係があるからではない。要するに、わたしが試みたのは、わたしたちには実に慣れ親しんだように見えるもの、そして何とも退屈でさえあるものに、あらたにある驚きを引き起こすことである。驚きとそれが求める問いかけによってこそ、哲学はその都度再び活気づくのだから。

こうした仕事に取りかかってから、もう二十年になる。わたしが試みたのは、極東を通過することによって、どこまでヨーロッパ思想を異郷化できるのかを見ることでありまた、この迂回からヨーロッパ思想に立ち戻り、それが何を問うていないのか、何を考えていないのか、何を考えようとは思わなかったか、そしてその思考がそれでも密やかに行なった選択、言い換えれば先入見は何によって作り上げられているのかを、源流から問うことであった。ところで、この見方は相互的である。わたしは、それと同時に、極東の思想をヨーロッパ思想に対峙させることで、その先入見を問い直し、その独自性を引き出そうとしたからである。いや、その独自性というよりは、その理論的な豊饒さと言ったほうがよいだろう。

　とはいえ、比較哲学が問題なのではない。極東とヨーロッパの伝統は実に長い間、お互いに距離を取って進展してきた以上、どちらか一方の思考のカテゴリーを使って、東と西はそもそも……だなどと、両者の違いを一気に整理したり、並行関係をなぞったりできるとは思えない。むしろ必要なことは、方法論的な慎重さであり、先に使った言葉で言えば、戦略ではないだろうか。だからこそ、わたしはその都度、一つ一つの場所を進んでいきながらも、二つの思考を相互の無関心から救い出し、向かい合わせうるような組み立てを試みてきた。わたしの論文それぞれは、問題系を構成する網の目なのだ。それは、思考されずにいるものを摑まえようとして、「西洋」と「東洋」の間に一つまた一つと張っていった網の目である。

　とはいえ、ここでの試みにおいて、道徳の問いは独自の場所を占めている。というのも、通常、わたしが日本語や中国語のテクストを読む時には常に解釈をすることになり、その文脈の中に再び位置づけて、注釈を読まなければならない。しかし、こと道徳に関しては、それは経験から直接に浮かび上がり、わたしは直《ただ》ちにそれを見分けるのである。井戸に落ちそうになっている子供を見る人は誰でも、即座に反応して、手を伸ばして子供を摑まえると孟子が言う時、わたしはもはや注を付けようとは思わないし、解釈しようとは思わない。文化的な違いが果てしないものであっても、わたしは直接理解しているのだ。まるで孟子がわたしに語りかけたかのように。

ところで、道徳は何よりもまず次のようなものだろう。それは、日本人であろうがフランス人であろうが、わたしたちの経験のただ中で、わたしたちに共通するものを浮かび上がらせるものである。しかも、文化的な違いがどうであれ、道徳はまずもって、それについて直ちに対話することができるもの、直ちに理解し合えるものである。

だからこそ、原著では副題を「孟子と啓蒙哲学者の対話」としたのである。

そして、だからこそ、わたしはこの小著が日本で紹介されることをとりわけ喜んでいるし、この本が対話に役立つことを願っている。それには翻訳が必要であった。中島隆博がこの対話を可能にしたことに感謝する。時間を見つけて忍耐強く、自らの中国研究の仕事を行ないながら、この迂回に一つの回帰を付け加え、わたしたちの思考を互いにつき合わせ、さらなる一歩を踏み出したのである。こうして、わたしは孟子を取り入れた後に、みなさんに孟子を返すことができたのである。

二〇〇一年六月十五日　パリにて

フランソワ・ジュリアン

訳者による序

『道徳を基礎づける』とは、いかにも時代遅れの表題である。しかも、原著の副題は、紀元前四世紀の孟子と十八世紀の啓蒙思想家であるカントやルソーとの対話だという。賢明な読者なら、「何を今さら」と呆れ返ることだろう。おっと、ここで本書を打ち捨てないでいただきたい。著者フランソワ・ジュリアンの意図はまさにこの「されど今さら」にある。それは実は現代の哲学や倫理の最先端の議論とつながって、きわめてスリリングなのである。

問いというものが一般に、答えられることなく、別の問いにずらされ、忘れられていくのだとすれば、現代フランスの古典学者でもあり哲学者でもある著者は、あえて時代錯誤を犯し、忘れていたはずの悪夢をもう一度見させようとする。道徳を基礎づけよ！　無論、この命令に対して、今日では、道徳は基礎づけることができないばかりか、そうした欲望はイデオロギー的である、というごく真っ当な反論が共有されている。しかし他方で、現代社会では他者への責任に代表される「倫理」が、これまでになく要請されているのも事実である。ジュリアンはこの状況に対して、道徳から倫理へと問いがずらされただけであって、かえって批判がかわされてしまったのではないかと疑うのである。道徳を基礎づけるという問いは、いまだ決着がつかないまま放置されたために、依然として「わたしたちヨーロッパ人」に密かに取り憑き、思考を硬直させてしまっているのではないか。問いをもう一度動かし、根底的に批判すること。これが彼の「されど今さら」である。

そして、そのために招請されたのが、時代と場所が近代ヨーロッパと最も離れた古代中国思想であり、『孟子』というテクストである。これは、外の思考によって、内の思考を乱調させようという戦略なのだ。ただし、これは同時に、中国思想をも批判的に揺さぶろうというわけで、副題に対話と名付けられたゆえんである。

ここで懸念が残るとすれば、ジュリアンのこの戦略が、たとえば「わたしたち日本人」にとってどのような意味があるかということである。おそらく、「わたしたち日本人」なるものは、ジュリアンが想定する外と内の、いずれにも属していないか、いずれにも属しているかであろう。そのような者が、ジュリアンの結論に従えば、ヨーロッパの超越に訴えざるをえない思考と、中国の内在を徹底する思考との対話に、どのように参加することができるのだろうか。ありうる道としては、二つ考えられるだろう。一つは、第三の極として別の独自の思考を提示する道であり、もう一つは、両者に対する差異をそれぞれに提示する道である。前者は、日本哲学や日本思想という自律した思考体系を要求するだろう。訳者自身は、これが不可能だとは思わないし、何らかの積極的な寄与があればと心から願うのだが、これまでの歴史を見る限り、そうした試みがかえって自らを矮小化し、硬直化したことが往々にあった。また、第三の極という考え方は、しばしば対話を総合すると称して、対話を中断しかねないのである。

では、もう一つの道はというと、これはジュリアンの提示する議論に寄り添いながら、しかし、それとは異なる思考とその枠組の可能性を考えることである。具体的には、道徳の基礎づけのプロセスにおいて、ルソーやカントが、たとえ意に反してであれ、最終的にはキリスト教的な超越に再び回帰するのだとしても、ヨーロッパもしくは西洋の経験のなかには、それとは異なる超越への通路もあるのではないか。

ここでは特に、絶対的な他者としての超越を、身代わりの主体とともに考えるレヴィナスのようなユダヤ的な伝統を、わたしは念頭に置いている。レヴィナスは『全体性と無限』の序文の冒頭で、「誰もが容易に同意するであろうが、最も重要なことは、わたしたちが道徳の詐術に欺かれていないかどうかを知ることである」と述べた上で、存在と政治に基礎づけられない、道徳としての倫理を探求していく。無論、その探求が、レヴィナスの意に反して、存在と政治に搦め取られていった事情には批判を向けざるをえない。しかし、そうだとしても、少なくともこの対話に日本から参加しようとすれば、こうした差異を提示することで、「内」の中では見えないか見えにくくなっている分割線を浮かび上がらせることはできるだろう。

しかし、これはやはり迂遠であるという反論があるかもしれない（わたしはそうは思わないし、よしんば迂遠であっても不都合は無いと考えるが）。なぜことさらにユダヤ的な言説に訴えて、超越の意味を考え直そうとするのか。そうではなく、日本から対話に参加するのであれば、やはりもう一方の中国思想において、孟子的な内在の道とは異なる思考と枠組を提示すべきではないか。よろしい。しかし、その前に、読者のみなさんには、まず、ジュリアンの議論をじっくり味わっていただかなくてはならない。

中島隆博

目次

道徳を基礎づける

日本の読者へ……3
訳者による序……10
緒　言……23

I　憐れみをめぐる問題……27

第1章　忍びざるものを前にして
1ある王の逸話　2無関心であることの不可能性　3仁と義の定義

第2章　基礎づけか比較か——あるいは基礎づけのための比較
1西洋における道徳の基礎への問い　2カントとニーチェ　3マルクスとフロイト　4中国との比較

第3章　憐れみの「神秘」
1根源的な憐れみの感情　2ルソーの限界　3ショーペンハウアーによる神

秘化　4中国の道具立て
第4章　道徳心の徴候
1カントによる道徳の基礎づけ　2孟子の四端　3端緒から遡る

II　性と生について……………………………………91

第5章　人性論
1孟子以前の性説　2孟子の反駁　3天と性
第6章　善か悪か
1二者択一の論争　2荀子の性悪説　3荀子の孟子回帰　4荀子とホッブス
第7章　失われた性を求めて
1失われた本性　2今、塞がれている本性　3自明なる道徳性　4理想的な便宜主義

Ⅲ　他者への責任……147
第8章　人間性、連帯
1人間的（仁）であること　2万物はわたしの中に備わっている　3道徳と政治
第9章　天下を憂う
1聖人の憂い　2この世を肯定する憂い　3この世に対する責任と神に対する責任
Ⅳ　意志と自由……177
第10章　妄想的な意志？
1意志は自明のものか？　2意志することと為すこと　3善をもたらす条件　4悪を克服できるのか？
第11章　自由の観念なしに

1自由に基礎づけられた道徳　2道徳的価値の超越性と「ほとんどない」違い　3二元論を超えて

V　幸福と道徳の関係……223

第12章　正義は地上に存す
1地上の報い　2仁は利に優る　3徳の効力　4不可避的な成功

第13章　地は天に肩を並べる
1仁徳による勝利　2王朝の創設　3地上の天　4民は天を代弁する

第14章　これは中国的教理《カテキスム》ではない
1孟子の後退　2ストイシズムの幸福　3憂患に生き、安楽に死す

第15章　道徳心は無制約者（天）に通じる
1心を尽くして天に事える　2個別性を超えて広がる　3内在の果ての超越

注　304
解題——存在と道徳への問いなおし　309
講談社学術文庫のための解題　335

道徳を基礎づける

孟子vs.カント、ルソー、ニーチェ

緒言

道徳を基礎づけること。これは道徳の原則を定めることではなく、可能であるなら道徳の正当性を打ち立てることだ。つまり、神の命令や、社会的有用性によってではなく、いったい何の名において道徳が正当化されるのかを述べることである。

この問いが完全な形を取ったのは、十八世紀のヨーロッパにおいてである。啓蒙時代の哲学者たちが、形而上学的・宗教的な後見人の手から道徳を連れ出してから、ニーチェを筆頭とする懐疑の師たちが、道徳の根拠を瓦解させようとするまでの時代である。これ以降、道徳は、学問的にも直視されなくなる。それは見たところ、あまりにいかがわしく、素朴にすぎるからだ。しかし、この問いを首尾よく追い払ってしまえたわけではない。警戒されているのはその神秘化であって、道徳心を持つことが否定されているのではないからだ。かくして、道徳の観念は曖昧になり、宙に浮きながら、亡霊として、イデオロギー的な議論に取り憑いてまわる。わたしたちは今日、「人道」や「連帯」を口にしてやまないが、実のところそれは何に基づいているのだろうか。

わたしの目的はこの問いに戻ってくることである。しかし、そのためにはどうしても斜めから近づいていかざるをえない。インド＝ヨーロッパ的な枠組の外で発展した道徳についての偉大な伝統、すなわち中国に（そして、その代表者としての孟子に）迂回することにしよう。だからといって、中国のうちに、ヨーロッパ人が陥った袋小路の解決策を見いだそうというのではない。むしろ、この問いを埋没させないために、迂回するのだ。枠組をずらし、陣地を代え、両者の対峙から生じる反応＝反作用 *réaction* の効果によって、この問いを別の布置に晒《さら》して、新たな可能性を開き、もう一度動かしたいのである。道徳に関しては、共通の経験、共通の争点を見いだすことが容易であるため、ヨーロッパと中国の出会いは直接的に結ばれ、両者の比較は対話へと向かう。

中国古代の兵法が推奨しているように、斜めから——ここでは中国を経由して——攻めるのは、問いを正面から展開するためである。わたしが断固として遥か遠方から出発するのは、エグゾティズムの欲望からでも、比較を楽しむためでもなく、操作余地を再発見するためである。新たに出立することで、間近にあって問いを混乱させるすべてのものから、自《みずか》らを解放するためなのだ。

以下の頁でわたしが語るのは、今流行りのごまかし方である「倫理」ではなく、端的に道徳についてである。

I

憐れみをめぐる問題

第1章　忍びざるものを前にして

1　ある王の逸話

王が、自分は臣民に対して善政をほどこしうるものかと悩んでいた。王にその資格があることを納得させるのに、賢者は一つの逸話を思い起こさせた。謁見の儀の折、一頭の牛が供犠《くぎ》のために引き連れられて横切ってゆくのを、王が目にしたときのことである。処刑場に引き立てられる無辜《むこ》の民にも似た、この動物の怯えた様子に忍びず、王は牛を放すよう命じた。その時、家臣たちが尋ねた。「犠牲をやめるべきでしょうか」。王は答えた。「それはできない。この牛に代えて羊を用いよ」。

なぜ羊ならよいのか

ここで賢者は次のように結論づける。「これは十分に、あなたが王たるにふさわしいことを証明しています」。しかし、一見すると、ここで語られた逸話は、王にとって好ましくないように見える。すなわち、牛の代わりに羊を用いよと提案したことで、王は吝嗇《りんしょく》だと咎められるからだ。また、そうした非難に対して自己弁護するうちに、自らも一貫性がないことに思い至るからである。どうして牛より羊のほうがよいのか、羊もまた牛と同様に無辜ではないか。

ここで、王の心に何が起こったのかという、他の家臣たちにも王自身にもわからなかったことを明らかにしたのが、賢者であった。賢者は言う。王が、考える暇もなく、牛に代えて羊を用いることを提案したのは、牛の怯えた様子を「目のあたりにし」たからであって、羊のほうは「目のあたりにし」なかったからです。王は、怖じけづいた一頭を自分の目で見てしまった。その怯えは彼の目の前に不意に出現したので、心の準備をしておくこともできなかったのだ。ところが、もう一方の動物の運命は、彼にとっては観念にすぎなかった。それは匿名であり、抽象的であって、したがって、効果を一切持たない。目の前で対面しなかったからである。つまり、怯えた様子の牛という他者に釘付けになり、その後、そらすことのできなくなった眼差しが、羊には届かなかったのだ。だからこそ、羊の犠牲は王の心を揺り動かさず、王は、頭から羊を事物と同列に置いていたのである。

それに対し、牛のほうは目のあたりにしたために、王は心を動かし、内なる論理が一瞬にして揺さぶられた。それゆえ、王は行ないに一貫性がないことを恥じねばならないと思ったのだが、実は、そこに彼の長所が認められる。王は苦しんでいるものを「目のあたりにすること」に「忍び」なかった。彼は他者――それが動物でさえも――の運命に無関心ではいられなかったのである。忍びざるものを前にして、直ちに取ったこの反応こそ、彼の徳性を十分証明するであろう。

2　無関心であることの不可能性

以上の逸話は、紀元前四世紀の中国の哲学者である孟子が語ったものである（『孟子』梁恵王上七(*)）。彼は、続いてこのエピソードを一般化する。「君子は禽獣に対して、それが生きているのを目のあたりにすれば、死ぬのを見るに忍びず、それが哭《な》くのを耳にすれば、肉を食べるに忍びない」。この格言からわたしは次のような話を思い出した。「ひなのうちから池に運んで、遊ぶのを見て楽しんでいた鴨を、ある日犬が殺してしまったら、もう鴨の羽をむしって焼いて食べるに忍びなくなるだろう」。だが、いかなる名においてなのか。そうさせずにこうした線引きを経験の中に導き入れるものは、何なのだろうか。この線引きは、結局は相対的であるにせよ、それでもなお否定しがたく存在するものなのだ。

孟子は、続けて次のように記している。「君子は調理場を離れた場所に建てます（換言すれば、禽獣が殺される現場を遠ざけるべきである）」。挿入されたこの指摘は、何が態度の違いをもたらすのかを明らかにしてくれる。すなわち、他の存在（それが動物であっても）と暗黙のうちに関係が生じ、たとえ一瞬でもそれに対面すると、人はそれに無感覚ではいられなくなってしまうのだ。

（*）『孟子』からの引用は括弧内に、篇、上下の区分、章の順に記す。引用に際しては、十九世紀末の『孟子』の二つの主要な訳書を参照した。一つはラテン語－フランス語対訳のセラファン・クヴルール Séraphin Couvreur のもの（Cathasia, Les Belles Lettres）で、もう一つはジェイムズ・レッグ James Legge の英訳 *The Chinese Classics*, vol. II（Oxford, Clarendon Press; rééd. Dover Publications, New York）である。日本語訳に際しては、大島晃訳『孟子』（学習研究社、一九八三）を参考にした。また読者の便宜のために、ジュリアンが参照した原文を補った箇所がある。

井戸に落ちそうになっている子供

別の例を見てみよう。それは、単なる一例という以上に、試金石の役割を果たすものである。道徳という主題については、多くの議論がなされたが、結局、その正しさを保証し、論証の善し悪しを区別できるのは経験だけである。この経験を踏まえた上で、道徳を根底から把握し、用いる事柄に異論が出ないようにする必要がある。そこで孟子は、典型的なケースとして次のような状況を作り出した。今にも井戸に落ちようとしている子供を目のあたりにすれば、誰もが恐怖の渦に巻き込まれ、助けようと手を差し伸べる、というものである（公孫丑上六「今人乍見孺子将入於井、皆有怵惕惻隠之心」）。

これは、「子供の両親から多大な感謝を受けたいから」でも、「隣人や友人から賞賛を得ようとするから」でもなく、まして「悪い評判をたてられたくないから」でもない。他者の不幸を前にした忍びざる感情を特徴づけるのは、それがいかなる計算から生じたものでもなく、いかなる反省の対象でもなく、その反応が自然になされているということだ。ここには、どんな利害関心も入り込んでおらず、助けを差し伸べようとしてなされた行動は、思わずなされたものだ。したがって、この状況は範例としてふさわしい。それは絶対的に利害関心を離れた、公正無私な行ないを露《あら》わにするからである。ここでは、個人的なものは乗り越えられている。わたしは突然、自分の行動を主導することも、利己的な目的をつかさどることもなくなる。自己を通り越して、自己に背いて他者のために立ち上がる存在者がせり出してくるのである。

親を埋葬する理由

場面場面で活写されるのは、どこから見ても異論の余地のないものである。孟子が昔の習俗について述べたこと（滕文公上五）も、その一例である。かつて、親を埋葬しない人々がいた。親が死ぬと、彼らは死体を片付けて溝に投げ入れるだけだった。ところがある日、その場に通りかかると、狐たちが死体を喰らい、蠅や蚋《あぶ》が死体にたかっているのを目にした。すると、途端に額に冷汗が噴き出し、彼らは横目でちらりと一瞥をくれたきり、それ以上あえて見ようとしなかった……。

孟子は解説する。顔面に冷汗が流れたのは、「他人の目を気にしてそうなったのではない」。その反応は彼ら自身の心のもっと深いところから湧き上がったのだ。こうして彼らは、スコップと土車を取ってきて、急いで死体を埋めなおした。埋葬をきちんと行なうことは、単なる慣習の問題ではない、と孟子は結論する。それは、存在者同士の紐帯《ちゅうたい》を証しているのであり、死ですらそれをほどくことができない。もう一つ、孟子は次のことを慎ましく述べている（公孫丑下七）。「自然の大いなる変化」に身を任せた死者の「肌に土を近づけない」ように棺桶を厚くすることに、人は心からの満足を感じる。死んでいたとしても、その他者を脅かすものに無関心でいられないのである。

3 仁と義の定義

これらの例から、普遍的な原則が導かれる。「誰もが、他者の身に起こることに忍びざるものがある（人皆有所不忍）」。この忍びざる感情を、他者の身に起こりながら忍びうるものにまで及ぼすこと、それが「仁」の感情である（尽心下三一「達之於其所忍、仁也」）。誰にとっても、他人が不幸に沈んでいる時に、無関心でいられず、反応を引き起こすものがあるということ、それが「仁」なのだ。無関心でいられないとは、不幸な他者に起こったあらゆることに対して、平静ではいられず、「くつろぎ」や「安らぎ」のうちに甘んじていられないという意味である（すでに孔子にも、心の「不安」という概念がある）[1]。しかし、これと同時に、誰もが無関心であって、一切関心が払われないような他人の不幸が実に多くある。したがって、中国的な観点からすると、道徳性にはいかなる要請もない。そこには、命令もなければ掟もない。あるのは、拡充だけなのだ。耐え難いものへの反応を、その苦境を知りながら見て見ぬふりをしていることにまで及ぼすことである。

同様に誰もが「為さないこと」（すなわち、為すことを肯《がえ》んじないこと）がある。恥ずべきことを自分が為すことを容認できないという心を人は持っている。この心を、一方で相変わらず為し続けていることへと及ぼすこと、それが「義」である（人皆有所不為、達之於其所為、義也）。事実、「壁に穴をあけ」、「塀を飛び越え」て隣人から物を盗むようなことをしない人であっても、正しさに目をつぶって王におもねろうとすることは大いにありうる。これは、「言うべきでないことを口にしたり」、「言うべきことを黙っている」ことにほかならない。こうした不誠実さは、実に豪胆な盗みと「同類」である。反対に、「盗んではいけないという心を最大限にまで推し及ぼせる」人ならば、義は「尽きることがない」（人能充無穿踰之心、而義不可勝用也）。

道徳性の拡充

この道徳性を構成する拡充は、二つの面で現実化される。一つは、西洋人にも当てはまる面で、たまたま見た他人の苦境を前にして発揮される忍びざる感情を、すべての経験にまで及ぼすことである。他人を愛することを、まだ愛していないことすべてにまで及ぼしたり（尽心下一「仁者、以其所愛及其所不愛」）、容認できないという感情を、恥ずべきことながら、なおも容認していることすべてにまで及ぼすことである。もう一つは、西洋人が思いつかなかった面で、まずは王から（梁恵王上七「推恩」）立派な手本を他人に広げること、より近い者からより遠い者へ波及させることである（老吾老、以及人之老。幼吾幼、以及人之幼）。「推し及ぼす（推）」、「及ぼす（及）」、「広げる（拡）」、これらは『孟子』の鍵となる概念である。なぜなら、道徳性とは、燃えあがる火、溢れ出す泉のようなものだからだ（公孫丑上六「凡有四端於我者、知皆拡而充之矣、若火之始然、泉之始達」）。だからこそ、ある日供犠に連れられてゆく一頭の怯えた牛を目にした王が、忍びざる反応を示したことだけで――この反応が十全に拡充されるなら――、この王は世界を平和に治められると見なされるのだ。

第2章　基礎づけか比較か――あるいは基礎づけのための比較

1　西洋における道徳の基礎への問い

孟子にとって、またこの思想家だけにとどまらず、一般的な中国の伝統にとってても、他人を脅かすものを前にしての忍びざる反応が、道徳を基礎づけている。ここでは、基礎づけるとはどういうことかを、さらに十分理解しなければならない。とりわけ、道徳性の「原則」と、道徳性の「基礎」となるものを区別しなければならない。道徳性の原則とは、ショーペンハウアーが言うように、道徳の基本命題である。言い換えると、道徳性が命じる行ないを最もうまく要約した表現であり、徳の最も一般的な定式である。他方、道徳性の基礎とは、道徳性が徳を勧める理由や、それが義務である根拠のことである。

原則については、ショーペンハウアーも認めるように、あらゆるモラリストたちの意見が一致している。たとえば、「いかなる者の権利も侵すことなく、汝のなしうるところに従って各人を助けよ」というように。しかし、彼はすぐさまこう付け加える。この原則は、なおも探し求めている根拠の結果にすぎないのであって、「倫理の本当の基礎を形づくる」のはもっぱらその根拠の方である、と。(2) なぜなら「昔から、多くの立派な説教が道徳を説いてきた。しかし、それを基礎づけることには、誰も決して成功していない」からだ。道徳を「基礎づける」？　だが、それこそまさに、「何千年も前から」探し求められている、「賢者の石」なのである。

神に権威づけられた道徳

この問いは問いのまま残っている。今日ではもうこの問いについて、少なくともこれまでのような言い方では、ほとんど議論されないからではない。わたしたちはこれまでの問いを打ち捨ててしまっている。したがって、この問いを新たに取り上げ、しかもイデオロギーによってかきくもらされないためには、まず目印をいくつか定めるのがよいだろう。なぜなら、それがどんなに永遠の課題であるという雰囲気を漂わせていても、この問いが一つの歴史の産物であることにかわりはないからだ。そして、その歴史は、ヨーロッパの、しかも比較的最近のものである。

古典主義時代を通じて、道徳は宗教に従属するものとして考えられていた(例えば、十七世紀末のマルブランシュが書いた道徳論でもそうであった)。道徳は神の命令として理解され、神によって直接権威づけられた。そして、道徳は神の啓示の不可欠な部分であるため、特別な根拠を必要としない。この点で、キリスト教の伝統は、西洋古代に由来する哲学的伝統を引き継ぐものにほかならない。そこでは、形而上学だけが道徳に確かな正当性を与えることができたのである(プラトニズムにおいては、神と同一視される善のイデアによって)。つまり、基盤を別の場所に見いだそうとしても、神学の延長にしかならないために、道徳は基礎づけられないし、基礎づけられる必要もない。やや控え目に言えば、道徳は説明を免除されていたのである。

懐疑論の展開

こうしたキリスト教的独断論はあまりに巨大であったため、かえってある種の懐疑論を引き起こさずにはおかなかった。それは、その後、西洋の伝統の闇をつたい、その堅固さを狡猾に掘り崩していく（これは少なくともエピクロスから始まっている）。読者の中には、道徳の諸規則は理性に基礎づけられていて、自明だと考える人もいるだろう。だが、世の中を見ると、道徳の諸規則はきわめて多様であって、モンテーニュが述べたように、重要なのはむしろ、確固として築かれた慣習であり、わたしたちが「眠らされてしまう」ほどそれに「慣れ親しむこと」である。わたしたちは先入見でしかないものを「理性」と取り違えているのだ（『エセー』第一巻第二三章、「良心による定めにしても、自然から生まれるといわれるものの、これは習慣から生まれるのだ。われわれは、だれもが、自分の周囲で認められ、受け入れられている考え方やルールには、心のなかで敬意を払っているから、これから離れれば、悔いが残るし、これに寄り添えば、自画自賛したくなるものなのだ」。宮下志朗訳、白水社、二〇〇五年)。

モンテーニュは「慣習」が産み出す明証性や、それが実在を非自然化する力といった仮面を剝ぎ取ることによって、道徳の脆弱な基礎に新しい光を投げかけた(「とにかく、その起源にまでさかのぼって調べてみたところ、その根拠立てがとても薄弱なものだと判明し」た)。ここから出てくる当然の帰結として次のことが言える。わたしたちの言説は、既成の慣習となると、どれだけ不適切なことでも、「支え」、「基礎づけ」ようとしてしまうのだ。

さらにもう一つ決定的な一撃が、道徳の基盤に向けられる。世の中を力関係からしか考えなくなると、道徳は一転して手段となってしまい、もはや戦略的な機能しか持たなくなる。よく知られているように、マキャベリによれば、力 *virtu* は徳 *vertu* ではない。物事の流れを超越しようとするものがない世界にあっては、力は、「運命 *fortune*」に抗《あらが》うという点で、個人の力業 *virtuosité* であり、これによって王は不安定な状況をとりつくろい、さらにはその偶然性を支配できる。そして、世界に自分の新しい計画を押しつける。したがって、重要なのは、王に行ないを思いとどまらせることではなく、人々に王の美徳を信じさせることである。実体よりも、外見の論理が断然優位にあるのだ。ここにおいて、形而上学や宗教に根ざした道徳の古い錨《いかり》は、臆面もなく捨てられる。だが、伝統的な基盤を失うことで、道徳は同時にその安定性も失い、必然的に、背徳主義に転じてしまう。

2　カントとニーチェ

だからこそ、道徳をその固有の基盤に据えつけねばならない。つまりは、道徳をそれ自身から基礎づけねばならない。啓蒙の時代の哲学者たちはこのことに専心した。彼らは道徳を宗教という後見人から解放し、旧来の独断論に批判を加えたのである。道徳はもはや形而上学という支えを必要としない。形而上学の下す結論がもはや結論めいて見えなくなったため、信用がおけなくなってしまったのだ。今や、道徳は自らの内にその絶対性を見いだし、無制約者 *inconditionné* に至りうる。何か別の形而上学に依存するのではなく、道徳は自らに固有の形而上学（カント『人倫の形而上学の基礎づけ』に言う形而上学）を手に入れることになる。なぜなら、もし道徳が自分以外の利害関心に依拠し、外の原則（たとえば、神、自然、科学、集団的利益）の上に自らを基礎づけようとするなら、それは、カントが指摘するように、純粋なものではなくなり、道徳的ではなくなってしまうからだ。

とはいえ、道徳は経験の事実に還元されるものでもない。道徳は「理性の事実」なのであり、理性のア・プリオリな性格を帯びている。そして、理性に属する道徳は、当然のことながら立法機能という特徴を持ち、普遍的であると同時に必然的である。ここに至って、伝統的な役割が交替し、依存関係が逆転したのである。つまり、形而上学や宗教が道徳の基盤になるのではなく、カント以後は道徳のほうがその固有の基礎を信じて、西洋の形而上学的信念や、さらには宗教的信仰の基盤となり、それらを正当化するのである。

ニーチェによる懐疑

この組み換えがあまりに見事に成功し、また転倒が実にたやすく成し遂げられたためだろうか、ここには疑いが差し挟まれずにはいられなかった。道徳と宗教の役割交替があまりに簡単であったため、何か手品のような、まやかしがあるのではと疑わずにはいられなかったのだ。固有の礎石の上に建てられ、頑なに身を固め、救済者として彫像された、この大理石の道徳性は、新しい偶像にすぎないのではないだろうか。それは大文字の理性でできているのだろうか。かくして、「批判」の時代、勝ち誇った理性の時代に引き続いて、懐疑の時代が訪れた。歴史と生命に基づく懐疑である。

道徳が歴史に由来することが判明すると、その絶対的必然性は疑われざるをえない。また、個々人の「本能」の複数の働きによって、道徳が異なってしまう様を目にすると、その普遍性も信じられなくなる。したがって、道徳を基礎づけねばならないという幻想を育むよりも、むしろ、その起源に目を向けることの方が大事になる。こうして、ニーチェは、道徳の形而上学を企てる代わりに、系譜学に関心を寄せた。そして、理性的存在者を抽出する代わりに、貴族的であったり奴隷的であったりする諸価値を対立させることで、類型学を構築したのである。

こうした系譜学や類型学から、道徳が長きにわたって何を隠蔽してきたのかが明らかになる。道徳は本質的に背徳的であり、自らが誇示する理想に矛盾している。それは、ルサンチマンと復讐の本能（優れた人間を暴圧する弱者の本能）による欲求を満たすものにほかならない。素朴な理性の言説であるどころか、道徳は常に情動の隠語でしかなかったのだ。ありていに言えば、道徳は、生命の唯一の情動たる、支配する情動の隠語にほかならなかったのだ。

したがって、カントは道徳と形而上学とを伝統的に結びつけていた依存関係を転倒させようとしたが、それは転倒するまでもなかったものなのだ。ニーチェに言わせれば、形而上学の起源からして、すでにこの関係は倒立しているのであり、ただ、そうだと自ら告白したことがなかっただけなのである。つまり、哲学者に固有の道徳への志向性（これはむしろ背徳的であった。なぜなら、実際には、それは諸本能を個別に階層づけようとするものだったからだ）は、昔から、土に埋まってはいるが、「最も超越的な」主張を産み出す胚珠であった。道徳は、その手の内を見せず、控えめな従者のふりをしながら、常に大きな黒幕だったのである。形而上学的な正当化――「基礎づけ」――は、後から発明されたものにすぎない。

訳者解説コラム① 経験と理性

道徳は経験によって基礎づけられるものなのか、それとも理性によって基礎づけられるのか。本書で最初に引かれた犠牲の牛の例をもとに整理してみよう。

ある王は犠牲につれて行かれる牛を憐れみ、牛を羊に代えるよう命じた。孟子はこの王の経験をあらゆる道徳の基礎として考える。しかし、カント的な立場に立てば、この経験は、きわめて非理性的である。牛が気の毒なら、羊もまた同様に気の毒ではないのか。そもそも、牛が怯えているというのも、王の勝手な思い込みかも知れない。経験に属するものには、どうしても曖昧さがつきまとう。ただし、孟子は、このような批判を考慮に入れ、目にする／目にしないという条件の違いを導入することで、王の経験に一貫性を与えようとしている。

一方のカントであるが、彼は理性に基づいて「自分の行為の格率が自分の意志によって普遍的自然法則になるように行為せよ」という命法を持ち出した。カントはこれこそがどの時代の誰にでも妥当する普遍的な道徳の法則だというのである。

しかし、実際にこの命法に即して行為した結果は、真に普遍的な道徳的行為たりえるだろうか。犠牲に連れられてゆく牛を目の前にした時、黙って見過ごすのがよいのか、犠牲そのものをやめるのがよいのか、それともやはり羊に代えて供犠を続行すべきなのか。どれが普遍的な行為か、判断できるのだろうか。判断できないなら、カント流の理性に基づく道徳は机上の空論にすぎない。

そこでジュリアンは、最初から普遍的な理性に基礎を置いて具体的事例を考えるのではなく、西洋と中国に共通する憐れみ（仁）の経験を、根底的な経験としてとらえなおし、そこから出発して、様々な道徳の基礎づけ方を比較しようとするのである。

3 マルクスとフロイト

西洋の近代思想は、以上のような転倒から作られた。第一幕、道徳を「基礎づけること」。道徳の原則が公然と主張された十八世紀は、道徳を形而上学的‐宗教的後見人から切り離す時でもあった。その主な巨匠はルソーとカントであり、この企てはショーペンハウアーの登場で最高点に達し、そして同時に衰えてゆく（懸賞論文『道徳の基礎について』）。第二幕、道徳を掘り崩すこと。解放の雄叫びはニーチェから発せられた。彼がショーペンハウアーに対する父親殺しを犯した後、その声は、すべての懐疑の師たちの間にこだましてゆく。実際に、この脱神秘化の企てに寄与したのは、マルクスとフロイトであり、彼らはそれぞれの仕方で貢献した。

マルクスは、道徳がオカルト的であると同時に奴隷的であることをあばき、それが常に支配階級に握られていて、宗教にならって既存の秩序を固定化する役割しか果していないと述べた。フロイトは、道徳性を、それを産み出す心のメカニズムへと引き戻した。つまり、道徳心は、超自我が構成されたことの結果にすぎず、その超自我自体も、幼年時代に、両親やその代わりとなった人々の理想化されたイメージの投影でしかないと述べた。かくして今日、道徳は、どうしようもなく疑わしく見えるのである（わたしたちが理想に達していないのではないかと疑わしいのではなく、理想の方がいかがわしく見える）。なぜなら道徳は、カントが主張したように自由と手を携えるのではなく、抑圧的であるからだ。ニーチェの言い方では、「畜群」による専制が問題である。また、マルクスの言い方では、反対に、有産階級による大衆支配が問題であり、さらに、フロイトの言い方では、超自我を通じて文明の感化を受けることから生じる欲求不満が問題である。

そしてまた、道徳は、自分で主張するほど公正無私ではなく、偽善であり、自らが説く善に関して嘘をついている。たとえば、強者に対して感じるルサンチマンの感情は、逆に、邪《よこしま》な心や「禁欲主義的理想」を産み出すし、支配階級の利害関心は、自分にふさわしい服従を望むまでになるし、さらに父の役割は、神の役割を果たすことで、自我を幼稚症に閉じ込める……。道徳の自律的な基礎を求めて出立しながら、そこで代わりに見いだされるのは、もはや疎外でしかないのである。

4　中国との比較

　ニーチェは、「道徳の博物学への寄与」(『善悪の彼岸』一八六節)において、モラリストたちに態度を変更するよう勧めている。道徳を「基礎づける」(*begründen*)という思い上がった主張などするものではない。モラリストたちは、ずっとそうしてきたが、結局無駄に終わった。それよりも、「さしあたりこの分野で唯一のまっとうな仕事」に取りかかった方がよい。それは地味ではあるが唯一建設的な仕事であって、道徳性のさまざまな見本を調べ、次いでそれを分類し比較する(*vergleichen*)ことである。なぜなら、哲学者たちが「道徳の基礎づけ」と呼び、彼ら自身その名の下で要求したものは、よく見てみると、「現行の道徳に対する素朴な信頼という、衒学的な一形式」にすぎず、したがって、単なる「所与の道徳性の内部での既成状態」であるからだ。それはとどのつまり、「こうした道徳が問題として考察されることを否認する仕方」なのだ。

　哲学者たちが、これほど見え透いた幻想にかくも長い間とどまっていたのは、ただ次の理由からである。彼らは、道徳的な事実を判断するための十分に多様な事例に乏しく、常に「恣意的な抜粋や思いつきの要約」――「彼らの環境や風土、その地域や階級や教会や時代における道徳」によって振る舞うだけだったからだ。そして、「他の国民や他の時代、過去に関することについて、お粗末な情報しか与えられておらず、またほとんど注意を払おうともしなかったから、彼らは道徳についての真の問題から目を逸らしてしまったのである」。真の問題とはほかでもない、「さまざまな道徳の比較を確立すること」である。これがニーチェの結論であった。

なぜ中国か

基礎づけが不可能だという袋小路から逃れる最良の手段は、結局のところ、別の場所を見に行くことではないか。モラリストたちが陥った罠を避けるには、「博物学者」のように、より遠方の標本を探し求めに行くほかには手がなかろう。これは、すでに見たように、モンテーニュが取った道であった。彼は、世界中で「慣習」がいかに多様かを考慮することによって、道徳についての省察を独断論の眠りから引き出した。実際、比較にかけられることがなければ、モラリストが手がける普遍性は、常にまがいものであるという危険性に脅かされたであろう。

とはいえ、これは道徳についての考察を人間学（人類学）に置き換えることではない（カントはどちらの分野も非常にうまく定義したが）。それは、人間学の内に新たな地平を発見して、道徳をその泥沼から救い出すことなのだ。そしてここではじめて、わずかに輪郭を描いておいた孟子との比較が正当化される。なぜなら、西洋の側から見れば、中国はまず、最も大きく隔《へだ》たったものとして現れるからだ。中国は、西洋と同じ言語の枠組（インド＝ヨーロッパ語族という大きな枠組）に属しておらず、宗教的な啓示も認めなかったし、存在についての問いも思弁の対象にしなかった。つまり、その文明は、非常に長い間、西洋と全く影響関係を持たずに進展してきたのである。そのため中国は、ありうるかぎりで最もラディカルな他者性の事例に該当する。

要するに、中国は事例として理想的なのである。「モーゼか中国か」。パスカルはすでに、まるで理論的な二者択一が問題でありうるかのように述べていた（『パンセ』第九章五九三。モーゼは、もう一つの世界の豊饒さに直面して、一神教を創始した者である）。したがって、本書では、「中国」が戦略的な機能を果たしていく。わたしが、中国の道徳思想にはじめて明示的な定式を与えた孟子の考えを説明しようと思ったのは、これまで自分の歴史に閉じこもってきた近代西洋の道徳に関する省察に、対峙の機会を与えるためなのだ。

比較から対話へ

比較によって通常得られる方法論上の利点はよく知られている。互いに相手をよく見ることで、対照される二つの立場が、それぞれが述べていることや、それぞれが体系化しているものの中で解釈されるだけでなく、それぞれが述べていないことや、にもかかわらずそれぞれを動機づけているもの――それについて沈黙しようとしているもの、自明だと見なしているもの、正当化できずにいるもの――の中で解釈されもするということだ。両者が交差することで、そして互いに影響を及ぼしあうことで、それぞれが考えていることだけでなく、いったい何を起点にして考えているか――それぞれの暗黙の先入見や沈黙のすべて――も明らかになるのである(*)。

（＊）このことは、とりわけ『孟子』という書物にとって重要である。『孟子』は、外からの照明を受けなければ、つまらない書物に見えかねない（しばしば中国研究者によってそのように判断された）が、それは至ってシンプルな書物だからである。そして『孟子』は、問いにほとんど手がかりを与えないように見えるが、これはまた、少なくとも十一世紀以降の中国の伝統に影響を与え、そのイデオロギーと同一視される傾向があったからである。中国文明の内部からすれば、『孟子』はあまりに吸収同化されすぎていて、発見に値するものではない。それは、外部から読まれることで、再び問いを含むものとなるのだ。

しかし、この一般的な利点に、ここでは別の利点を加えよう。そして、道徳に関しては、この別の利点の方が決定的である。つまり、道徳に関しては問題が共通しているのだ。すなわち、道徳の基礎づけという――「普遍的な」？――問題である。したがって、『孟子』のちょっとした態度表明も、直接に西洋の側に響いてくる。一線を画すにせよ、合致するにせよ、それはたえず西洋の側に投げ返される。こうして、本書では、比較は対話に転じる。それは、特別なパートナーとして選ばれた、啓蒙の時代の思想家たち――ルソーからカントに至る――との対話である。彼らは、西洋の側から見て、最も熱心に問いを立てた者たちであった。同様に、わたしがこの着想を得たのは、十八世紀になされた文化間の対談の精神からである。すなわち、すでにマルブランシュが試みていた、「キリスト教哲学者と中国哲学者」の対談からである。ただし、わたしは、当時以上に全面的に対話し、交流しよう、つまり、差異に対してあらゆるチャンスを与えようとしている。

「ケーニヒスベルクの偉大な中国人であるカント」（『善悪の彼岸』二一〇節）と、ニーチェは茶化して述べた。しかし、おそらく彼は自分が思ったよりも正当に事態を見抜いていたのではないだろうか……。ニーチェはまた、ショーペンハウアーや彼に先立つすべての人々に反対して、こう述べている。道徳を基礎づけようとするのは止めにして、地道に比較することに取りかかろう。ニーチェの言葉を受けて代わりにわたしはこう言おう。道徳に関する中国の概念とヨーロッパの概念を共に対話させ、両者を比較することで、よりよく道徳を基礎づけられないかを考えてみよう。

第3章　憐れみの「神秘」

1　根源的な憐れみの感情

直接的な対話が可能である（直接的というのは、つまり通常のように通訳を媒介として行なうのではなく、ということだ）。なぜなら、これから取り上げる対話者たちは、同じ経験から、すなわち、他人を脅かすものを目の前にした動揺から出発しているからだ。孟子が引き合いに出した忍びざる反応は、そこで描かれた状況を見るかぎり、西洋において伝統的に「憐れみ」ということで理解されてきたものと完全に一致する。さて、人間の道徳性を示すために、ルソーがたえず立ち返ったのが、この憐れみの感情であった。憐れみの感情によってこそ、「わたしたちは苦しむ人たちを見て、反省する間もなくその救助に向かう」のであり、この徳は、まさに「あらゆる反省の使用」に先立つがゆえに、「それだけいっそう普遍的」なのである（『人間不平等起源論』二三七－二三九頁(*)）。

（＊）引用するヨーロッパの作品の主なものは、次の通り。日本語訳には以下を参照した。本文に記した頁数は、日本語訳の該当箇所を表す。

ルソー『人間不平等起源論』原好男訳、白水社、一九九一　*Discours sur l'origine et les fondements de l'inégalité parmi les hommes*, *Œuvres politiques*, Paris, Garnier, 1989.

――『エミール』樋口謹一訳、白水社、一九八六　*Émile ou de l'éducation*, Paris, Garnier, 1961.

カント『人倫の形而上学の基礎づけ』平田俊博訳、岩波書店、二〇〇〇　*Fondements de la métaphysique des mœurs*, trad. Victor Delbos, Paris, Delagrave, 1967.

――『実践理性批判』坂部恵、伊古田理訳、岩波書店、二〇〇〇　*Critique de la Raison pratique*, trad. J. Gibelin, Paris, Vrin, 1965.

今にも井戸に落ちそうになっている子供という、孟子が挙げた事例――加えてパトス（このパトスは、古代から西洋において悲劇の感情を涵養し続けてきたが、中国では考慮されなかったものである）――には次のエピソードが対応する。ルソーが例として引用した「蜜蜂物語」という寓話の中のエピソード、すなわち、「外で一匹の獰猛な獣が母の胸から子供を奪い取るのを目にする囚人という、悲愴な *pathétique* 情景」である。そして、孟子と同様、ルソーも、その時、憐れみを感じた人物は、この出来事に対して「いかなる個人的な利害関心」も持っていない、と指摘する。他者の死に直面して心が深く動かされるということまで、ルソーは孟子とそっくりである。ただこの特徴が本当に際立つのは、それが動物にも拡張されるためである。「動物は、同類の動物が死んでいるそばを、何の不安も無しに通りすぎることはできない。中には、墓のようなものを作ってやるものもいる」。反応の即応性、現象の普遍性、そして利害関心から離れていること（公正無私であること）。東西両方の側で、まさに同じ根源的な経験が問題にされているのである。

憐れみの根源性

根源的と言ったが、この経験が根源的なのは、二つの資格においてである。一つは、これが自然に発露することが証明しているように、わたしたちの最も根底的な経験であるということだ。もう一つは、この経験がわたしたちの道徳性の起源にあり、それ以外の道徳的な生活はこの経験の帰結にすぎないということである。この経験は、決定的かつ十分な道徳性の出発点なのだ。それは、道徳性の尽きることのない源泉である。

孟子にとって、忍びざる反応は、「人間らしさ」（儒家の用語では仁）の感情の基盤にあり、この仁の感情に道徳性が集約されている。同様にルソーも、道徳を懐疑する者をこう非難する。懐疑する者は、憐れみという「この唯一の特質に、彼が人間から奪い取ろうとした社会的な美徳のすべてが由来する」ことを見なかった。「寛大さ」、「いつくしみ」、「人間らしさ」といったものは、「弱者や罪人そして人類一般に適用される憐れみでなければ」、実際に、何ものでもない（『人間不平等起源論』二三八頁）。ショーペンハウアーは、ルソーを引き継いで、「道徳における最初の現象」である憐れみは、「厳格な法の責務」の起源であると同時に「徳の責務」の起源であり、「正義」の起源であると同時に「慈悲」の起源であることを示そうとした。

憐れみが広がる

わたしたちの行ないの中にあるこの根源的な心の動きがどう広がるかを見ると、両者の比較を最後の地点まで推し進めることができる。ルソーが言うには、「一般化され」、「全人類に広がる」ことで、この初発の心の動きは公正さへと開かれる。中国では、すでに見た通り、「人間らしさ」（仁）と「公正さ」（義）が対になって考慮され、その後のすべての伝統は、この二つの補完関係を思考し続けていった。同様に、ルソーにおいても、「憐れみが弱さに堕してしまわないように」、「正義と一致するかぎりにおいて」のみ、人は憐れみに身を委ねるべきである（『エミール』中一二二頁）。なぜなら、「隣人に対するよりも、人類に対していっそう憐れみを持つ」べきだからだ。規模を変えても、根源的な心の動きが損なわれることはない。その感応する力は、少しも減ずることなく、理により調整される（感 *incitation* − 理 *régulation*。この二つの概念は、中国では対になっている）。根源的な心の動きはこうして広がり、社会の基礎になる。

2　ルソーの限界

ここにおいて、時代や文化や環境といった違いは全く消えてしまったかのようだ。二つのイメージが収斂し、双眼となって、突然新たな起伏が現れてくる。まさに同一の経験が、あちらでもこちらでも道徳性の起源に指定されていることは疑えない。同型の範例の後には、同じ目印が出てくる。つまり、「人間」が見いだされるのである。それには裸にして、指し示すだけで十分であった。これは、別の場所でルソーが行なったと述べていたものだ。つまり、哲学の詭弁やあらゆる無益な論証を軽蔑しながら、ルソーは、自然的な人間と社会的な人間を区別した。そして、文明の仮装の下に、「真の」人間を再発見したのである。カントが述べたように、ルソーは人間を「発見した」。ルソーが古代中国の見解——彼はそれを知らなかったのに——とこれほど自然に軌を一にしているのは、驚くことではない。

憐れみに必要な想像力

とはいえ、ヨーロッパの側では、発見されたこの根源性は、依然として不安に満ちたものであり、多くの自明性が再び問い直された。もし「憐れみ」が道徳性の確かな経験にほかならないのであれば、どうしてルソーを待ってはじめて「憐れみ」が明らかにされたのだろうか（また、その後、なぜルソー主義に納得しなかったのだろうか）。実際に、ルソーが憐れみについて、特に『エミール』において詳述したことを再読してみると、その両義性に驚かされる。憐れみとはどういうことか。ルソーは、

「苦しんでいる人の立場に身を置く」ことだと答えている。「なぜなら、わたしたちが苦しむのは、わたしたちの内でではなく、苦しむその人の内でなのだ」（『エミール』中、六九頁）。

では、何が、わたしたちを他者の中へ「移し」、自分と他者を「同一視」させるのだろうか。この力は、言うならば、わたしたちの「想像力」である。結論はこうだ（とはいえ、これは出発点で確認されたこととやや矛盾している）。この憐れみの感情を、ルソーは人間の心にある自然的なものと記述したが、現実には、わたしたちの想像力という媒介を必要とする（「想像力が活発にならないかぎり」、誰も憐れみに「敏感」にならない。中、六九頁）。ところが、この想像力が高まるのは、決して自然にではない。その証拠に、悲惨な光景が日常的なものとなって、想像力がもはや羽ばたかなくなると、わたしたちは心を動かせなくなってしまいかねない。なぜなら「頻繁に目にしすぎるものは、もはや想像しなくなるからである」（中、八五頁）。したがって、エミールが想像力豊かであるには、彼に辛い光景をあまりに長く見せないようにしなければならない。さらに、想像力の火は、分別がついてはじめて、すなわち思春期以後はじめて点《とも》るため、子供は理の当然として、憐れみにほだされることはない。

憐れみは利己主義である

憐れみは公正無私だと言われてきた。そしてこのことによって、憐れみは、道徳的な感情、いやむしろ唯一の真なるものだと見なされる。ところが、ルソーが明言するように、そしてこれがまさに『エミール』の第二の「格率」なのであるが、「人はただ、自分自身それを免れているとは思えない他人の不幸だけを憐れむ」(中、七一頁)。すなわち、わたしが他者に対して憐れみを感じるのは、それがわたしのもとで起こりうると思う場合でしかない。憐れみは、「利他的」だと思われてきたが、実はそれを感じる自己に依存しているのである。

したがって、当然、憐れみは利己主義に転じる。ルソー自身も、憐れみに固有の「心地よさ」を説明して、このことを理解させようとした。「憐れみは心地よい、なぜなら、自己を苦しんでいる人の立場に置くことで、人は逆に、その人のように苦しんでいないことに喜びを感じるからだ」(中、六七頁)。別の言い方をすると、他人が苦しんでいるのを目にしたとき、「わたしたちはその人が苦しんでいる不幸から免れている」。ここから、わたしは他人が苦しむのを見るのにある種の「喜び」(サド的な?)を感じる、と結論しても言い過ぎではないだろう。なぜなら、それによって、置かれた状況の違いと、どれだけわたしがその人よりも幸福かを測ることができるからだ（中、八一頁）。したがって、憐れみをどのような角度から正当化しようとしても、ルソーは相変わらずこの利己主義の論理に囚われたままなのだ。『エミール』のある注（中、二四三頁）に、彼はこう記している。憐れみにおいて、わたしが「自分に似た人と自分を同一視し」、「いわば自分をその人の中に感じる」としても、それは実際には「自分が苦しまないためにこそ、その人に苦しんでほしくない」のだ。別の言い方をすれば、「わたしがその人に関心を抱いている」としても、それは単に「自己愛のため」である。

個人主義に囚われたルソー

驚いた憐れみである！　憐れみがこれほど曖昧さを帯びたものとして捉えられると、もう誰もその中に道徳の根源的な感情を見はしないだろう。ルソーより一世紀前の偉大な辛辣家であるラ・ロシュフコーが言ったように、憐れみは「わたしたちが陥りかねない不幸に対する巧みな用心」（『箴言集』二六四）にすぎない。つまり、わたしたちが前もって善をなして他者に救いの手を差し伸べるのは、後で自分が必要になった時に他者から救いの手を差し伸べてもらうためである。憐れみの偉大な守護者であるルソーは、この方向に従うことに抗いながらも、そこから逃れられなかった。厳格さが足りず（自分の体系に安らって閉じこもるペシミズムの厳格さにすぎない）、激しさに過ぎていた（「美しき魂」という激しさ）。様々な議論を続ける可能性があったにもかかわらず、ルソーは円環をぐるぐる回り続けるばかりで、新たな視角を見いだせなかった。ルソーが自己愛を基盤として人間を考えているかぎり、憐れみはその一つのヴァリエーションでしかないからである。あるいはうまくすれば、それは大文字の自我という台座に貼り付けられたものとして存在しうるかもしれない。しかし、憐れみによって、次のようなものの見方が問い直されるわけではない（むしろルソーは他の箇所でその見方を確認しようとしていた）。つまり、その語の最も厳密な意味での、「個人主義」の見方であり、人間は存在者を自分の個人性から認識するという見方である。

　したがって、ルソーがそう主張したにもかかわらず、また彼にその功績が認められもしたのに、彼は「真の」人間を発見しなかった。彼が発見したのは、感じる人間、自分の感受性を享受する人間である。したがって、ルソーは他者を感じる人間を記述することはできたが、人間が自己との関係によらずに、どうやって他者を感じられるのかは説明できなかった。彼は、憐れみがどれほど「心地よく」感じられるかを描くことで、わたしたちを魅了したが、しかし、その憐れみは、道徳の根源的な感情として位置づけられながらも、基礎づけられないままなのである。

3　ショーペンハウアーによる神秘化

ショーペンハウアーはそれゆえ、道徳を憐れみに「基礎づけ」ようとしながらも、次のことに細心の注意を払った。第一に、道徳を純粋に保つためには、厳格に利他主義に結びつけること。たとえば自己の完成のためや、天国に行くために善行をなすという考え方は、利己主義にとどまる。第二に、憐れみを感じるには、あたかも、他者の苦痛を自分の内に感じていると思い込むかのように想像力をめぐらす必要がある、[3]というテーゼを直ちに論駁すること。なぜか。ショーペンハウアーは、こう言明する。「わたしたちははっきりと認めざるをえない、苦痛に耐えているのは彼であって、わたしたちではない、ということを」。

しかし、いったんこうした注意を払うと、憐れみの問題は、ますますわたしたちを困惑させるものになる。というのも、「いったいどうして、自分のものではない苦しみ、わたしに関係のない苦しみが、それでも自分にとっての動機になるということがあるのか」、すなわち、わたしに「直接働きかけ」、「わたし自身の苦しみに等しい」

動機になるのかが、わからないからだ（『道徳の基礎について』三五一頁）。

神秘としての憐れみ

かくして、憐れみが提起した問題は、他者との「同一化」の問題になる。憐れみは、自己と他者とのあらゆる差異が「破壊されること、少なくともある程度まで破壊されること」を想定しているのに、それでも、わたしが「他人の身になりかわること」はできない。唯一ありうる出口はこうだ。もはや想像力に頼らないとすると、憐れみは認識関係を拠り所にするようになる。「わたしが頼れる唯一の手段は、したがって、この他者に対してわたしが有する認識、頭に描いた表象を利用することによって、自分をその人に同一化する」（三二三頁）ことである。そして、自分の行ないにおいて、自己と他者の差異を「あたかも存在しないかのように」扱うことだ。

しかし、だからといって、わたしたちはルソーがぶつかった問題から脱け出たわけではない。なぜなら、憐れみが「自然的なもの」であるのに――ショーペンハウアーもまた、憐れみの現象は何にも媒介されないところに特徴があると主張している――それと同時に、「表象」による媒介を必要とし、「思考の連鎖」から生じるということを説明できていないからだ。したがって、ショーペンハウアーも、この袋小路から抜け出すのに、「神秘」によって解決を図るほかなかった。憐れみは理性では説明できない事実であり、それを経験しても、「原因を明らかにして」くれない。ここにあるのはまさに「道徳の巨大な神秘」であって、道徳の原初的な事実である（三二四頁）。

形而上学的な解決策

神秘だと証言することで、ショーペンハウアーは確かに解決策を手に入れた。憐れみにおいて、自己と自己でないものを隔てる障壁が、どうやって瞬時に取り除かれるかが説明できない以上、そのような障壁はまがいものであり、自己は虚像である、と想定するほかない。また、憐れみを理解し難いものにしているのは個人主義だが、憐れみこそが最も真正な経験である以上、個人化という原則を捨て去るしかない。憐れみを感じる時には、他者が実際は「他なるもの」ではなく、他者と自己は一つのものにほかならないという経験をしている。それゆえ、わたしは他者の苦しみを自分の苦しみと同じように「直接に」感じることができるのである。

心理学から生じた曖昧さを解消しようとするのだから、この解決策は形而上学的にならざるをえない。それには、仮象と実在との伝統的な二分法を再び繰り返すだけでよかった。知覚のア・プリオリな枠組（すなわち、カントの言う空間と時間の枠組）

によって理解された自我や個人は、事物の仮象にすぎないのだ。憐れみの経験が証明しているのは、仮象ではなく世界の実在である。そして、実在の特性は、本来的な一性にある。古い諺にあるように、「一は全」である。『ヴェーダ』に合致するようカントを歪曲することで、ショーペンハウアーは、憐れみを道徳を基礎づける経験とするだけでなく、さらに真理への通路としたのである。

4 中国の道具立て

しかしながら、ここには逆説がある。ショーペンハウアーは、憐れみが「道徳的に善いすべての行為の基礎にある真の」動機だということを、「主張」して満足するのではなく、この動機だけが唯一可能なものだということを「証明」できると言うからだ（三一九頁）。ところが、この証明は、結局のところ、「神秘」の再確認にすぎない。ショーペンハウアーは、憐れみが人間の意識の否定しえない事実であり、最も共通したものだと判断するにもかかわらず（憐れみは「概念、宗教、教義、神話、教育といった諸条件」に依存しない、つまり「本性から直ちに産み出されたもの」であり、「あらゆる国、あらゆる時代に認められる」三二九頁）、少なくとも「スコラ的な哲学者の中には」誰一人として自分の先人を見いだしていない（ルソーは除外されているが、それはルソーが「自然の寵児」だったからだろうか。三七四－三七五頁）。確かに、最も直接的で、最も感じやすいものとしての憐れみの明証はあるが、それはアポリアを導くばかりだ。自我に関する困難を解決するのに、その自我を否定しなければならない。個人主義という閂《かんぬき》を、鍵を使わずに破壊するようなものだ。そして、その極北で、最も観念的な形而上学を再建することになる。

孟子の忍びざる反応

この解決策はラディカルではあるが、高い代償を払うものである（それは、経験も論理も放棄することを意味する）。ところで、わたしが示したいのは、西洋の側で言う憐れみと異なって、忍びざる反応という孟子の概念は、こうした困難を免れているということである。孟子は、他の古代の中国人と同様に、個人の存在を否定しようとは考えもせず、世界を形而上学的に二分化することとも全く無縁であった。彼はまた、自然的なものであると同時に公正無私であるという「憐れみ」の特徴に思い悩むこともなかった。理由は至極単純で、西洋人が憐れみということで理解していることを、彼は忍びざる反応として考えているからだ。孟子が理解する個人性は、相互作用の現象と分離できるものではない。したがって、確かに個人は存在するけれども、それは主体である自我という孤立したパースペクティブの中で知覚されるものではなく、何よりもある関係の利害関係者として考慮されるものである。(*)

(*)この点で重要なのは、中国ではよくあることだが、相関的な見方が先に来るということだ。一例を挙げると、西洋人にとっては個体化された概念である「もの」という概念を表すのに、中国人は「東西」と言う。また西洋人にとっては単一の概念である「風景」という概念を表すのに、彼らは「天地」や「山水」という相関関係でとらえる。

したがって、一歩退いて、西洋の個人主義的な見方から離れると、もはや驚くべきことは何もない。西洋で憐れみについて考えると、その理論的な道具立てを損なったり、個人主義的な見方と矛盾したりするが、この忍びざる反応という概念は、そうしたこともなく、現実に対する中国的な見方に見事に合致している。それは、中国的な見方を最もよく説明するとさえ言えよう。中国人は最初から、現実を両極的な概念で把握するため、たとえば魂や神といった、唯一で絶対的な審級から世界を考察することはない。現実にあるものとは、現実化のプロセスであって、それはもっぱら進行中の相互作用の効果から生じると理解していた(現実にあるものは、古代の「変化の書」、すなわち『易経』に定式化されたように、天と地、陰と陽との間の相互作用ばかりではなく、外と内や、見るものと感じるものといった両極間の相互作用でもある)。

流れとしての世界は、相互的で連続した揺らぎである。いわば、この持続体は「感応」によってのみ織りあげられている。そして、その「感応」は、さまざまな様相の間で産み出され続け、現実にあるものを横断して流行し、「通じ合う」(古代の「感通」という概念を参照のこと。「感通」の原義は、広がっていくことで、そうして動かされることである)。そして、忍びざる反応は、まさにこのように読解されるものなのだ。それは、わたしと他者との間の相互作用における感応であって、他者から発せられ、わたしの感受性を通じて伝わり、直ちにわたしの反応を引き起こす。したがって、この忍びざる反応を特徴づける情動*émotion*とは、運動を起こすもの*é-motion*であり、内側から揺さぶるその力は、利害関心や反省とは無縁である。行動が促されるのはこの現象からであり、孤立した審級としての自我からではない。こういうわけで、わたしは自分を取り戻す間もなく、たとえば、井戸に落ちる子供を助けようと自分の外から急《せ》き立てられているように感じるのだ。

個人横断的な存在

結論として、中国的な概念は世界を自我から理解していく個人主義的なものでもなければ、個人性を否定するものでもない（現実化はすべて個人化を通してなされる）。そのパースペクティブは個人横断的である（全体として捉えられた存在は、それ自体の中でたえず相互作用を行ない、「通じ合う」）。したがって、「憐れみ」は、この存在に固有の、個人横断的で、情動横断的な特徴が、特権的に現れたものにほかならない。それゆえ、ヨーロッパで困難であったことも、中国ではそうではない。つまり、個人としての自我が、基体‐主体として（つまり、ア・プリオリに自律的なものとして）理解されていないため、憐れみが偶然わたしをそうさせた時に、どうやって自我から「脱出」しえたのかと問う必要はない。また、他者を対象として正面から意識しないため、どうすれば、想像力や認識といった能力を媒介にして、自分を他者と「同一化」できるかと問う必要もない。心理学的な矛盾（媒介／無媒介、自己において／他者において）は取り除かれている。憐れみの現象が自己において生じるのか、それとも他者において生じるのかと問う必要はない。というのも、この現象は、実際には、わたしたちの間で生じているからだ（そしてこの両者の間こそが、相互作用の領域では本質的である）。

「憐れみ」が直ちに明らかにするのは、わたしたちは、その根底において、存在によって通じ合っているということだ。わたしたちは二人とも、この存在に繋がっている。そして、この共通の存在の名の下で、何かに脅かされたときに、わたしの中に反応が起きるのだ。この存在の個人横断的な特徴は、西洋近代の概念である相互主観性（周知の通り、これは、他者をもはや対象に立てないように発明された、「共存在」*Mitsein* であって、西洋は「わたしたちという主体」を望んだのである）よりも、ずっとうまく憐れみの現象を説明してくれるだろう。なぜなら、わたしは動物に対しても憐れみを感じるからである。牛を目のあたりにした王のことを思い出そう。西洋では、ショーペンハウアーもこの観点を主張していた。ところが、相互主観性は、動物と自己との相互主観性を持ち出すことができない。中国において、わたしたちが結びつくのは、それとは反対に、わたしたちを貫き揺り動かす生の流れである存在に、共に加わっているからなのである。

それは弱さではない

憐れみを相互作用のプロセスという角度から見て、個人横断的な現象（感通）として理解すること。こうした中国的な理論の道具立てから、憐れみは、より読解可能なものになると思われる。とはいえ、忍びざる反応という中国的な概念が、西洋の憐れみという概念が出会った困難を「解決」すると言いたいのではない（なぜなら中国の概念は同じ道具立てを用いていないからだ）。そうではなく、それを解きほぐすと言いたいのである。それによって、憐れみは、理論的によりよく読解できるだけではなく、イデオロギー的な次元でメッキを剝がされる。

西洋の憐れみの概念は、人間の「悲惨」という特定の見方に囚われたままである。たとえばルソーは、「わたしたちの心に人間らしさを与えるのは、わたしたちに共通の悲惨なのだ」という（『エミール』中、六六頁）。憐れみの概念はまた、苦痛に対するある種のニヒリスティックな称揚にも結びつけられている。たとえばショーペンハウアーは、「積極的なもの、それは苦痛である」という（三二六頁）。だからこそ、ニーチェは、わたしたちを「憐れみの宗教」から解放しようとしたのである。ニーチェによれば、この宗教の説教は「自己の軽蔑」を説いてやまない（『善悪の彼岸』二二六節）。そして、ニーチェは、この宗教が他人の弱さを理想化するのを疑うことで、すべての利他主義的な道徳を拒絶するよう勧めたのだ（憐れみの価値を問い直そうとする人の前には、「新しく広大な視界が開けるだろう」『道徳の系譜』序言六節）。しかし、忍びざる反応は、このような不幸な意識や悲惨趣味には全く侵されていない。

それは、いかなる根本的な不幸もほのめかさないし、苦痛礼讃者のいかなる自己満足の糧にもならない。

それは弱さではない。他人を脅かすものを目の前にして湧き起こる、この忍びざる反応は、すぐさまわたしたちの存在の共同性を呼び起こし、生そのものであるこの結びつきを――わたしたちの間で――再活性化するのである。

第4章　道徳心の徴候

1　カントによる道徳の基礎づけ

カントは当初、ルソーの考えに引きつけられていた。カントから見れば、ルソーは人間の本性を明らかにしたニュートンであった。ニュートンは、物質の本性に秩序と法則性があることを最初に見いだした人物だが、ルソーは、習慣から生じる多様性の下に、わたしたちの真の本性を最初に発見した人物であった(4)。カントは、イギリスの心理学者たち（シャフツベリ、ハチスン、ホーム……）から、感情が道徳的生の根源にあるという考えを受容し、ルソーからは、人間がもともと善であることへの信頼を学びとったのである。当時（とりわけ一七六二年から一七六五年にかけて）の楽観主義と軌を一にしていたカントは、道徳性とは、人間の性情に逆らって行使される外的な強制の産物ではなく、自然的な傾向の発露だと考えていた。それは「わたしたちの本性の開花そのもの(5)」である。

カントによる憐れみの放棄

ところがカントは、この立場に長くとどまることができなかった。根本の道徳的な性情である憐れみを撤回し、この立場を疑うようになったのだ。憐れみが「熱い感情である同情に変わる」という「心の傾向」がどれだけ「美しく愛すべき」ものであっても、それはあくまでも「たんなる蠱惑《こわく》」にすぎない。そこには普遍的な原則が欠けているではないか（カント『美と崇高の感情にかんする観察(6)』）。徳のある人とは、他人の不幸を前にして「涙を流すことをやめず」、その「心」が「愁い」に沈む人なのだろうか。カントは、曖昧な憐れみに、あらゆる感覚的なふるまいの特徴である純粋さの欠如を認めていた。たとえ感覚によって命じられた行為が義務に沿ったものであったとしても、またその時、自分の中に「見栄や利害関心」から発する動機が一切認められないとしても、だからといって、それでわたしたちが義務によって行動したことや、わたしたちの行ないが真に道徳的価値を持っていたことが証明されるわけではない。

道徳の尊厳を守るために、カントは道徳から、経験に属しているであろうすべての要素を取り除こうとした。それゆえ、道徳性を、人間の本性から切り離して考えるようになったのである（考慮されるとしても、「理性的な」本性だけである）。憐れみも、人間のすべての性向と同様、感覚的な刺激によって混乱させられる危険が常にあるため、考慮からはずす。カントにとっては、道徳を基礎づけることは、道徳を分離することに帰着する。つまり、人間学や神学の痕跡をすべて取り除いて、法の定める義務を遵守する以外にない。結論としては（『実践理性批判』二九五頁）、憐れみは、それ自身が濁っているだけでなく、それが義務の考察に先行すると、「善意ある人々にとってもわずらわしいものになってしまう」。わたしたちは憐れみを「取り払ってしまう」のがよい。

そうなると次に、道徳を動機づけるものとは何かという問いが立てられる。理性の側面からすれば、何が道徳かはすでに決まりきっているのに、人間的な側面からすれば、何がわれわれを道徳的に行動させるのかわからないからである。このように道徳を経験から切り離し、道徳を完全に孤立させ、理性的なものだけに関わるように道徳を——ア・プリオリに——純粋にしようとすることは、まさにそのために、それとは逆の危険、すなわち人間性が道徳と何の繋がりも持たなくなるという危険に陥る。これを積極的に言うなら、どうすれば道徳律は動因たりうるのか、つまり、どうすれば何の媒介もなしに意志を規定しうるのか、ということだ。明らかに、道徳の命法は利害関心に基づくべきではない（そうであれば、それはもはや道徳的ではない）。だが、それなら、何によってわたしは道徳の命法に関心を持つことができるのだろうか。

カントの長所は、道徳の要請を、純粋で、ア・プリオリな特徴において、最も厳密に定義しようとしたことにある。それゆえ、彼は本書の対話において特権的な対話者であり続けるだろう。しかし、道徳をすべての感覚的な性向から切り離したことで、カントは、道徳を経験に包含するすべを失ってしまった。また、道徳を人間の本性から独立したものと考えることで、どのようにしてわれわれの人間性が道徳に関わりうるのかを、説明できなくなってしまった。『人倫の形而上学の基礎づけ』の末尾で、カントは、この道徳性の動因が了解不可能なままであることを、どう了解すべきかを以下のように示している。この動因は単なる観念、義務の観念にすぎず、それとしては感覚可能なものを何も持たないために、その原因がわたしたちの理解を超えるのは当然である、と。しかし、この批判的な観点は、思弁的理性から見れば正当であっても、行ないとの関係ではまったくそうではない。人が道徳律に関心を持つということは、理性の「事実である」と言うだけでは、十分ではない。といって、それを立証するために、真の自我という別の自我を持ち出すのも見当違いである。行論の最後に付け加えられた注解を見ると、ルソーと同様、この困難を解明できていないことが見て取れる。その注解に課せられた過剰な負担が、弱点をさらけ出し、論理の欠落を隠しきれていないのである。

なぜ道徳律を求めるのか

ルソーは、感情（憐れみ）の上に道徳を基礎づけ、道徳を本性の傾向だと考えた。こうして、ルソーは道徳が、自然の反応として意志を動かす力であることを説明できた。しかし、彼は、道徳を自己愛という観点から救い出せなかったし、道徳を基礎づける感情から、真に利他的な感情を作り出すことができなかった。道徳への動機づけが有する両義性を取り払い、動機づけから道徳性を保証することができなかったのだ。こうしたルソーとは逆に、カントは理性の上に道徳を基礎づけることで（道徳律）、つまりは道徳をア・プリオリな責務として考えることで、道徳性に害を与えかねないすべてをあらかじめ取り払った。だが、今度は、どのようにして道徳がわたしたちを動かすのかを示せなかったのである。一方の側では、道徳は「混淆した」ままであり、もう一方の側では、道徳は純粋であるが、純粋であるがゆえにもはやわたしたちの心を動かさない。道徳はその内容と同時に、その力を全く失ったのである。ルソーは性向から出発したことで、道徳の公正無私（利害関心から離れていること）を証明するに至らなかったし、カントは義務から出発したことで、道徳への関心を立証するに至らなかったと言えるだろう。

ショーペンハウアー以来、次のような批判が、カント主義に向けられてきた。意図が善であるためには、意志を規定するいかなる対象（質料）も介入するべきではない。しかし、その際、純粋な形式（法の普遍的な形式）では意志を十全に規定できない。そうすると、この法の起源そのものが問われることになる。いったいどこから、「それが道徳律かどうかを問う観念」が、人間の頭に目覚めたのか（別の言い方をすれば、どこから人は「道徳律を探し求めるという観念を突然」手に入れたのか）[7]。こうした考えは、人間の本性に属するものでも、ましてや経験から明らかになるものでもないために、カントはそれをどこか他の場所から持って来なければならなかった。そしてこの他の場所とは、果たして、カントが手を切ったと主張している宗教的古層にほかならない。カントは、定言命法の形式で、伝統的に神の命令であったもの――古代のモーゼの戒律（十戒）――を世俗化しただけなのだ。ショーペンハウアーの結論によれば、道徳律を考えるのに、カントは再び「神学者」にならなければならなかったのである。

カントに二つの長所を認めることはできる。一、思弁的な古代神学を決定的に破産させたこと（『純粋理性批判』によって。したがって、道徳の基礎づけの問題を提起しえた）。二、道徳性を明瞭に定義しえたこと（利他主義という規準によって。したがって、幸福という古代の関心事から道徳性を解放した）。しかし、ショーペンハウアーは、その上で「人倫の形而上学」のうちに、別の基礎を探しだそうとした。つまり、一方にある神学の落とし穴と、他方にある合理主義の落とし穴（これはそれ自身神学へ再び送り返される）を避けて、唯一可能な道徳の基礎に立ち返ろうとしたのである。この基礎は、道徳を自然的なものとする。そしてそれは、「憐れみ」以外にはありえない。それは、ルソーに立ち返ることである。

義務か憐れみか。ここまでの議論では、この二者択一が決定的に突きつけられているように見える。しかもそれは乗り越えられそうにない。「感情」と「理性」という向かい合った両極の間を、ヨーロッパの思考は揺れ動いている。いやむしろ、円環をぐるぐる回っていると言うべきか。いずれの議論にせよ、あまりに見事に整っているために、もはや出口が見いだせず、論議は自縄自縛状態にある。道徳の基礎を、理性の責務に求めるべきか、人間の本性の傾向に求めるべきか、もしくは、無制約な必然性の様態に求めるべきか、自然的な趨勢に求めるべきか。法の絶対性に訴えれば、神(あるいは大文字の父の役割)への依存を断ち切れないという危険が常にある。だが、経験という証拠に頼れば、別の危険がある。つまり、自分の道徳性について決して確信が持てない、すなわち、自分の道徳感情からあらゆる曖昧さを取り除き、それを純化できたという確信がどうしても持てないという危険である。しかもこの疑念は、今度はこのわたしを襲う。この考察を始めるにあたって、わたし自身が、具体的な事例(井戸に落ちようとしている子供、怯えた牛)に頼ることを正当化していたの

2　孟子の四端

ではなかったか。

四　端

対立は固定化され、もはや動かせない。この対立には何も期待することができない。そのため、アポリアを乗り越えようとするなら、論議の布置を変え、用語を逐一再考するしかない。そしてそれには、別の視線を手に入れ、新しい始まりを見つけなければならない。そうして、対話を再開できる。それは、中国に矛盾の解決を求めるためではなく、問いの自縛をほどき、問いをただ再び動かすためなのだ。井戸に落ちようとしている子供という事例を挙げた後、孟子はこう続けている（公孫丑上六）。「このことからすると、（他人を脅かすものに直面して）恐れや苦しみに心が駆られない者は、人ではない」（無惻隠之心、非人也）。同様に、「羞恥」や「非難」（自分がなした悪に対する羞恥と他人が犯した悪への非難）の心を持てない者、あるいは、他者に場所を「譲」ろうと「辞退」する心を持てない者、さらには何が善で何が悪かを判断する「是非」の心を持てない者も、「人ではない」。

以上から、道徳心の四つの典型的な機能が生じてくる。これらを、孟子はイメージに訴えて、身体の「四肢」と比較している（人之有是四端也、猶其有四体也）。まず、ここで見いだされた第一の心の形式は、わたしたちの中にある、人間性という徳（仁）の「端《きざし》」である。二番目は、正しさという徳（＝義）の「端」、三番目は、倫理的な序列を尊重する能力（礼）の「端」であり、最後の四番目は、価値を判断する才能（智）の「端」である（公孫丑上六「惻隠之心、仁之端也。羞悪之心、義之端也。辞譲之心、礼之端也。是非之心、智之端也」。告子上六も参照）。

この論の展開で何より興味深いのは、孟子が提示した道徳性の諸形式の目録ではなく、むしろ、こうした心の諸形式がどのように道徳性を現すかという点にある。というのも、孟子はこうした心の諸形式が、それ自体として道徳性をなしていると言っているのではなく、それらはわたしたちの中の道徳性の「端《きざし》」だと言っているからである。注釈者（朱熹）によれば、「端」とは糸の端のようなもので、中にとどまっていて現れず、その「緒」だけが外に出て目に見える（『孟子集注』「端、緒也。……猶有物在中而緒見於外也」）。この糸の端というイメージをさらに緻密に辿ってゆくと、こう考えることができる。憐れみや羞恥といった内的な心のあり方、すなわち「情」（告子上六）として自然に現れる性向は、端緒にすぎず、わたしたちの内的な道徳性はそこから現れ出る（他人を脅かす危険や、為された悪事に直面して不意に抱く反応が無ければ、内的な道徳性に気づかないだろう）。

換言すれば、この自然的な反応は、道徳心の徴候として受け取られなければならない。それはただ道徳心を露わにするものであり、それを示すものなのだ。羞恥や憐れみの反応が生じると、その時不意に、経験の領域に道徳性が姿を覗かせる。その際、道徳性はありありと感じられていて、その瞬間には否定しえないものであり、糸を手繰るようにして、隠されたその根底へと遡ってゆける。換言すれば、こうした反応がある時に、道徳心は、そのまどろみから抜け出し、その暗黙の「論理」（四つの典型的な機能の論理であり、「理」としてある。告子上七）を直ちに知覚できるようになる。したがってまた、そこから道徳性が現れ出てくる端緒は、一端でしかない。すなわち単なる糸口にすぎない。羞恥や憐れみといった反応が現しているものは、すでに述べたように、これから拡充されるべき一つの可能性の出発点でしかない。これらの反応は徳ではなく、潜勢力なのだ。

3　端緒から遡る

羞恥や憐れみといった反応は不意に現れるが、それはまた「根源的な」、「基本的な」心（本心）に根ざしている。この心という観念は、『孟子』の中の理論的な新機軸の一つであり、ルソー的な良心の概念と全く一致している。たとえばルソーはモンテーニュの懐疑論を批判して次のように言う。「人間の魂の底には先天的に正義と美徳の原理があり……、この原理を、わたしは良心と名づける」(『エミール』中、一八五－一八六頁)。

とはいえ、孟子の立場が、カントの批判によって崩れるとは思わない。カントは、憐れみは「理由なきもの」だと言ったが、孟子もそれは否定しないだろう。孟子は、怯えた牛を羊に代えよと言った王に、首尾一貫していないことをわからせようとしたぐらいだからだ。しかし、孟子は、反応に首尾一貫性がないのは、否定できないある要請が働いているからだと考える。カントは、ある注記の中で、憐れみが普遍的な原則にまで高まることができないことを強調し、こう述べた。「より詳しく考えてみると、それがいかに鋭敏なものであれ」、憐れみの感情は「それ自体では徳としての品位に達していない」。というのも、わたしたちは、「苦しんでいる子供」や「不幸な乙女」には胸を痛めるのに、「むごたらしい苦難のうちに多くの罪なき人が死んでいることが想像される大戦争のニュースを冷静に受けとめるからだ(8)」。「たった一人の不幸な人間を見ただけで、目を背け、胸を痛める王は一人ならずいるが、他方でその王が、ほとんどの場合、くだらない動機から宣戦布告する」。このような憐れみは普遍原則になりえないというわけだ。

このことは、まさに孟子が自らの王に、続けて述べたことと同じだ。あなたは供犠のために引き立てられた怯えた牛を見るに忍びないのに、何のためらいもなく「軍隊に召集をかけて兵士や将校を危機に陥らせようとなさっています」（梁恵王上七）。これが意味するのは、怯えた牛を前にしたときの反応が本当の徳の徴候ではなかったということではなく、王がその反応が現している要請を、自分の行ない全体に広げることができていないということである。純粋にその場かぎりのものであれば、憐れみの反応は、仁の徳の出発点か突「端」にすぎない。しかし、この仁の徳は、完全に拡充されれば、普遍性にまで至るのだ。

憐れみは範例か

カントが、道徳性を「範例から導く」ことほど、道徳性にとって「有害なことはない」（『人倫の形而上学の基礎づけ』三五‐三六頁）と言うのはもっともである。なぜなら、範例には、経験に属し、感覚しうるものに常に依存しているという制約があるため、それが「根本的な範例」として正しく働き、モデルにふさわしいという保証はどこにもないからだ〔範例とは、最初から普遍性に訴えることができない場合に、例として参照される特定の具体的事例で、普遍的法則を導く手がかりとなることが期待されるものをいう。以下、〔 〕は原則として、訳者による補足であることを示す〕。しかし、すでに見たように、井戸に今にも落ちようとしている子供や、供犠のために引き立てられる怯えた牛といった、孟子が提示する事例は、道徳性の倣うべき範例 *exempla* として扱うべきものではない。それらは徴候にすぎず、経験の次元、感覚しうるものの次元にわずかに姿を覗かせた、ある「論理」の「端」にほかならない。その「論理」とは、経験を逃れ、感覚しうるものに制約されない、「本心」の論理である。これらの事例において言及された状況から、道徳性を判断する基準や、また道徳性を定義する概念が得られるわけではない。そうではなく、体験された反応を通して、わたしは否定できないある手掛かりを認めるのだ。つまり、語られているのは、道徳性の規範や振る舞い方の規則ではなく、道徳性の要請がわたしの内に存在するという保証なのだ。

したがって、羞恥や憐れみの反応は、自然的な性向として体験できるとはいえ、感覚能力をつかさどる性情に還元されない。したがって、こうした反応は、「理性」か「感情」かという伝統的な対立を免れている。自然的な反応は、経験的に規定され、そして結果として、個人的な利害関心に結びつく動機ではなく、わたしたちの中にある責務のしるしなのだ。その責務は、他人との根本的な絆として、あらゆる経験の手前にある。羞恥や憐れみの感情を通じて、わたしが自分の意に反してでも反応し、心揺さぶられるのは、わたしが諸存在の共同体に根ざしているからである。結局のところ、カントが、道徳を経験によって条件づけることをあらゆる面で拒否し、道徳性を人間の本性に属させることを断固として禁じたのも、正しかったのだ。ただし、後で見るように、孟子が考えた人間の本性は、カントの言う道徳を基礎づけるのに役立つ。それは、「人間学的な」本性に属してはいないが、カントの言う無制約者（訳者解説コラム⑤、二九一頁参照）に根ざしているのである。

孟子に内なる声はない

ただし、その前に一つの違いを記しておこう。人間の本性に由来するものであれ、理性に由来するものであれ、また感情によるものであれ、義務によるものであれ、道徳的命法は、ルソーにしてもカントにしても、内なる声として現れる。「良心、良心！　神聖な本能、滅びることなき天の声」とルソーは言う（『エミール』中、一八九頁）。カントも「天の声」と言い、「その理性の声は」「極悪人さえ震え上がらせる」（『実践理性批判』一七三、二三九頁）と述べる。いずれにせよ、心の声という表現は、実にありふれたものなので、あたりまえのようにやりすごされ、隠喩であることを忘れられてしまう。ところが、『孟子』や中国の伝統のどこを探しても、そうした表現は全く見受けられない。ここに、カントかルソーかという哲学的な二者択一の手前に立って、西洋の道徳観念を形づくっている共通の文化的枠組にまで遡るチャンスが与えられる（というのも、この条件設定に気づくことができるのは、ただ外部からのみであり、差異によってのみだからである）。

人類学者は、このわたしたちに語りかける声のモチーフに、牧人と彼が率いる羊の群という、とりわけ聖書的な古代のイメージを、たやすく見いだすだろう。ところが、中国では、神と異なり、天は何も言わないし、心自体も「声」を持たない。しかし、心は、井戸に落ちようとしている子供を前にした時に感じるような自然的な反応において、直接自らを打ち明けてくる。ありていに言えば、「先天的な」反応においてである。この反応が何らかの内面化の産物だとは考えられない。ニーチェが言うような弱者のルサンチマンの産物でも、マルクスが言うような階級の利害の産物でもなく、フロイトが言うような大文字の父の機能によるものでもない。それは、イデオロギーに染まらず、あらゆる疎外を免れている。そのため、この反応は、道徳の試金石として役立つのだ。

　とはいえ、この反応は、わたしたちの道徳心を保証するものの、わたしたちが目にするのはその端緒でしかない。この反応によって道徳心の存在を確かめることはできても、それを掘り下げる作業が残っている。この反応は、経験を越えるものへと経験を開くことで、個々の情動を、実在の総体的な論理をなすものに結びつける。この反応のために、情と理は対立するのではなく、両極間で互いに通じ合う。そのために、引き起こされた「感情」から、それを正当化する「理性」へ遡ることができ、表に出た心の動きから秘められた本性へ遡ることができるのだ。

II　性と生について

第5章　人性論

1　孟子以前の性説

少なくとも、次の命題は一般的に当てはまるだろう。もし「……すべし」というような道徳の要請がわたしたちの内に刻み込まれていないとすれば、道徳は社会的な次元でしか正当化できず、単に欲望や願望の調整として役立つにすぎない。また、道徳が立派な人になるというような人格の目的であることをやめるなら、それは人間の利己主義を制限する手段にすぎない。ここでは、二つの立場が対立している。一つは、道徳の有効性に価値を置く立場で、その場合、道徳は相対的なままである。もう一つは、道徳を無制約な理想だとする立場で、この場合、道徳を基礎づけることは、経験の手前で、経験に依存することなく、道徳を根づかせようとすることである。その根とは、ルソーなら本性の傾向であるし、カントなら実践理性のア・プリオリな原理である。

孟子も後者の列に並べるほかない。彼は中国ではじめて、本来的なもの、先天的なものというカテゴリーを定義したからである。「人が学ばずともできること、それが根本的な（すなわち「本来的な」）能力（良能）である」。また、「人が頭を働かせずとも知っていること、それが根本的な（すなわち「本来的な」）智慧（良知）である」（尽心上一五）。幼子が親に対して抱く愛情のように、この根本的な智慧と能力は、人類全体に広げられるもので、例外はないと孟子はいう。万人に、道徳性への素質がある。羞恥や憐れみといった反応は、これを明らかにする。そして、カントの表現を再び用いるなら、この素質からわたしたちの「無限の道徳的使命」（『実践理性批判』三〇一頁）が出てくる。

性＝生

だからこそ、孟子は人間に自然に備わる善（性善）を、自分の教えの要《かなめ》とした（滕文公上一）。ところで、このテーマは、後世に至って（特に十一世紀の宋代以降）重視され、中国的イデオロギーそのものだと見なされたのだが、実は『孟子』に特有の主張にほかならず、当初、孟子の立場は孤立したものであった。というのも、儒家の伝統では、おそらく最初には、人間の本性は「善でもあり悪でもある（性有善有悪）」と考えていたからである。[9]この語句には、意味の取り方によって二つの解釈が成り立つ。一つは、人間の中には、善の性情も悪の性情もある、ということ。もう一つは、善なる人間（君子）も善でない人間（小人）もいる、ということである。

こうした伝統から脱した孟子は、人間の「性」をその「生」のプロセスと同一視する人々に反駁しなければならなかった。その一例が、紀元前四世紀中葉の楊朱であるが、A・C・グレアムが記すように、[10]一般的に中国思想では、「性」は、最初から定められた気質としてではなく、成熟という観点から、可能性の進展として考えられていた。たとえば告子は、「（人間の）性とは、生である（生之謂性）[11]」と言う。これは、古代末期の新しい解放のスローガンであった（告子上三）。人間の本性は、何よりも、最も基本的な生の欲望である「食欲と性欲」（食色、性也）なのだ（同四）。こうして、自然主義が激動の時代に登場したのである。

自然主義は、古代の封建制を崩壊に導き、その崩壊を利用しようとした。個人主義者たちに言わせれば、本性は生きる力なのだから、人間は「自分の生を養う」ことに最大の関心を払うべきである。そのために、外の何ものからも（特に公的生活からの強制や脅威から）生が悩まされないようにし、いかなるもののためにも（特に政治的な利害関心のために）生を犠牲にしないようにしなくてはならない。それほど、生の流れを尊重し、生の力を摂養し、生の健康を維持することが大事なのだ。唯一、生にこそ真の価値があるのだから、できるだけ「生を全うする」よう、つまり、最期まで損なわれることなく、ゆきとどいた健康管理によって、生の欲望を満足させるよう、ひたすらそれだけを配慮すべきである。こうした考えはあまりにもラディカルであり、古くからの合意事項をその基盤から揺さぶっていった。すなわち、「生を養うこと」が「性」の使命であれば、生よりも道徳性を好むことなどありえなくなるのである。あるいは、告子特有の観点からすれば、本性とは生のプロセスなのだから、道徳的には中立であり、善でも悪でもなく、あらかじめある「方向」を持つものではない[12]。道徳的な方向づけはすべて、外から本性にもたらされ、押しつけられるものでしかないのだ。

はじめての哲学論争

孟子の時代、すなわち紀元前四世紀末に、人間の本性についての問いが争点となったが、これは中国の伝統における最初の大きな哲学論争であった。より正確に言うと、この論争を通じてはじめて、中国思想は哲学として編成された。ここで複数の主張が対峙し、複数の立場が立論され、「是非」の観念（何が正しく何が誤りか）が現れたのである（告子上六）。上述したように、人間の本性は「善でもなければ悪でもない」、したがって、人間の本性は道徳性と無関係だと主張する者がいる（告子曰、性、無善、無不善也）。また、人間の本性は「善にすることも不善にすることもできる」とし、すべては環境次第だと主張する者もいる（或曰、性可以為善、可以為不善）。つまり、良王の下では、民は善を慕うが、悪王の下では、民は乱を好むというわけである。そして最後に、ある本性は善であるし、ある本性は悪であると主張する者もいる（或曰、有性善、有性不善）。良い君主の下にも狼藉者がいるし、悪い暴君の下にも善人がいたというのである。

人間の本性という主題について、体系的な考察が行なわれ、複数の立場が対峙し、あらゆる事例が考慮された。学派の論争になるのは必至である。孟子自身は、哲学的「討論」を好んでいないとはいえ（滕文公下九）、もはや反駁せずにはいられなかった（予豈好辯哉、予不得已也）。いまや、人々が理屈を好むようになったため、孔子のような慎ましい教導では不十分となり、諸学派は果てしない論争に没頭していたからである。瑣末な議論に陥った論戦のために、古の聖人の道は脅かされる。ここにおいて、道徳性を基礎づけることが急務となったのである。

議論を戦わせていると、智慧が最後には覆い隠されてしまうことを孟子は知っていた。孟子はまた、相手を論駁するのに、古の聖人の「微言」が有していた示唆的な価値、つまり終わりのない考察へと開く価値を、自分の言葉にも込めたいと考えていた。そのため、孟子は斜めから問題に取り組むことにしたのである（告子上一[13]）。孟子は、相手が述べた比喩を用い直して、それをひっくり返すことに終始した。

2　孟子の反駁

対話者が孟子に言う。人間の本性は「柳のようなもの」であり、仁義は柳から作られる「籠細工のようなもの」である。「人の性から道徳性を作るのは、柳から籠細工を作るようなものだ」（以人性為仁義、猶以杞柳為桮棬）。換言すれば、人間の本性はなまの素材（生きる力の素材）であり、そこから作られる道徳性は、外から加えられた仕事の成果である。この比喩を前にして、孟子はそれを押しのけるのではなく、詰めの甘さをうまく活かそうとする。いったい籠の製作は、柳の本性に沿ってなされるのか、それともそれに反してなされるのか。この二者択一で、後者を選んだ場合には、容易に否定的な帰結が導かれるのがわかる。つまり、柳の籠を作るのに柳をねじ曲げるのなら、道徳性を作るために人にも強制力をふるうことになる。そうなると、人は道徳性を嫌うようになってしまう。

水の比喩

つまり、孟子は、人間の本性は道徳に無関心であるという主張に、暗にこう反論しているのだ。外からどんな力が加えられるにせよ（ただし孟子はこの点で、努力が重要であることを初めて認めた人である）、それはあらかじめ定められた素質を広げることしかできない。柳が籠を編むのに適しているように、人間の本性には道徳性への傾向がある。別の比喩も持ち出されていた（同二）。孟子の対話者はこう述べた。人間の本性は渦巻く水のようなもので、東を決壊させれば東に流れるし、西を決壊させれば西に流れる。「人間の本性が善や不善に関心がないのは、水が西や東に関心がないようなものだ」。孟子はここでも、人と水との比較から、性向の論理を見いだそうとした。水はなるほど東西には無関心であろうが、高低に対してはそうではない。人間の本性が善に向かうのは、水が低きに向かうようなものだ。確かに水面をたたけば、水は飛び跳ねるし、流れをせき止めて山の上まで水を返すこともできよう。しかし、それは水の本性に力を加えている。人間の本性についても同様である。人が不善をなしてしまうのは、外からの圧力の結果であって、自然の性情からではない。

　ここで、争点になっている対立を、概念化して正確にしてみよう。それは、本性を、一般的な角度（たとえば、生きるということ）から捉えるのか、それとも種差（孟子が暗にそう考えているように、道徳心を持つ人間か否か）から捉えるかである（同三）。孟子の対話者は、羽の白は雪の白と等しく、雪の白は宝石の白と等しいと認める。もしそうなら、犬の本性は牛の本性と等しく、また牛の本性は人の本性と等しいのだろうか。この問いは、義の徳に関してより明確になる（同四）。孟子の相手は、義は人間にとって外的だと主張する。義の基準は自己の外にある。何かが白いから、わたしはそれを白いと言うが、それは、わたしの外にある白さによってそう言っているのである。同様に、ある人が年長だからこそ、わたしは彼を年長者として尊敬して扱うのである。

　しかし、と孟子は答える。人が白いのは馬が白いのと同じだと言えるだろうが、人が年長であるのは馬が年長であるのと同じだと考えられるだろうか。それに、いったい年長であることが「義」なのか、それともわたしが人を年長者としてしかるべく扱うことが「義」なのか。なるほど、尊敬の程度は状況に応じて異なるだろう（通常は、兄を、兄よりも年長の他人以上に尊敬するにしても、飲み物を勧める時には逆に、他人から優先的に敬う)。だからといって、このことは、尊敬が「内」から出ていないことを証明するものではない。冬には温かいものを飲み、夏には冷たいものを飲むが、飲むのはいつもわたしである……。論争の結論はこうだ(同六)。道徳的な反応にその端緒が見える徳は、外から「鋳造」されたのではなく、自分自身の中にある。それは「固有」のものなのだ(仁義礼智、非由外鑠我也。我固有之也)。

「内」の意味

見てきた通り、人間の本性についてのこうした議論は、終始、アナロジーの上だけで繰り広げられている。[14] 期待されてしかるべき論理的な道具立て、なかでも類と種、本質と属性、主体と客体といった概念が欠けている。結局のところ、孟子が「内」と「外」を対立させて言いたかったのは、年長者への尊敬は、その人の年齢だけでなく、置かれた状況も含めた客観的な基準に応じてなされるが、それはあくまで主観的な当為に関わる判断や、主観的な参与(孟子はかなり曖昧だが、「わたしの尊敬を働かせる〔行吾敬〕」と述べる)に属しているということだ。したがって、「内」という概念がここで漠然と示しているものは、カント的な意味での動機や意志のカテゴリーから理解されるべきである。[15]

要するに、中国思想にとっては、個人的な動機づけという現象を見分けるのは至難の業だが(16)、反対に（その代償として）、存在の個人横断的な性格を考えるのは容易である。上述したように、ひとたび自我‐主体という観点に立つと、どうすれば自己から「脱出」できるか（たとえば憐れみの反応は自己からの脱出を要求する）を考えるのが困難になる。反対に、相互作用のプロセスから現実にあるものを理解していくと（こうすると憐れみの反応はより理解しやすくなるが）、心という世界をそれだけ切り離して深めるのが困難になる。中国的な見方とヨーロッパ的な見方は、それぞれ別のアスペクトを明らかにしている。したがって、二つのアスペクトを一つに集めて、何かよくわからない「人間主義的な」総合に行き着くよりも、両者の観点や道具立ての違いを利用して、理解の窓を広げる方がずっと重要である。

孟子は、自我‐主体というカテゴリーを定義せず、人間の本性についてのいかなる存在‐神学的な基準も準備しなかったため、普遍的な道徳心を一挙に立てることはできなかった。そのために、孟子はアナロジーを用い続けたのである（同七）。人間の味覚（あるいは聴覚や視覚）には類似性があるが、この人間に特有の共通性を、古の偉大な料理人（易牙）が明らかにした。それと同様に、道徳心についても人々の間に類似性があるが、それを古の聖人たちが明らかにしたのである。自然主義的な観点以外に手だてがなかったから当然ではあるのだが、孟子がアナロジーをここまで高めたのには驚かされる。道徳の諸原則（理）とそこから出てくる正しさ（義）が心を楽しませるのは、草や穀物を食む動物の肉が「舌を楽しませる」のと同じである。また、靴を作って欲しいと頼まれたら、依頼者の足を見なくてもザルを作りはしないように、聖人とわたしが「類を同じくする」（聖人与我同類者）と考えても一向に差し支えない。足が互いに似ているように、心も互いに似ているのだ……。

中国思想は、人間の本性を、あらかじめ与えられた絶対的な基準で定義することはないし、道徳心を実体としての「魂」に基礎づけることもない。だからこそ、孟子が最も重視したのは、道徳心を、羞恥や憐れみといった反応から見いだし、その上で、道徳性を唯一の基盤として人間の本性を定義することだったのだ。

3　天と性

ただし、この点では、孟子はある重要な伝統に助けられていた。孟子は同時代の思想家たちに先駆けて、人間が生まれつき善であると主張したのだが、それには、世界の大いなるプロセスには固有の実定性（訳者解説コラム③、一二一頁参照）があり、そのプロセスに人間も関与しているという考えが背景にあった。紀元前の千年間、中国思想が大きく花開いた時、こうした考えが繰り返し考慮され、熟していった。紀元前四世紀時点での、孟子の道徳についての考えはその成果である。

こうした考えが現れる以前は、何世紀にもわたって、「天道」という概念が宗教的な意味で受け取られていたことは確かである。「天」はまだ人格神に近く、古の「高きにいます主」のようであり、「天命」が王の発した命令のように考えられていた。しかし、この天道という観念は、西洋のように神学的な考察の対象にはならず、次第に人格性を失っていき、「生成変化（天命流行）」という絶対的な要素を呼び出すに至った。気の流れは、星の運行や四季の移り変わりをもたらし、あらゆる物質を貫き、生を刷新する。したがって、中国人の言う天は、心の中で深められていったのではなく、調整する理という角度から、持続的に調和をもたらす原理（天理）だと考えられていったのである。天の運行は、決してその道筋から逸脱することがないため、阻まれたり、消耗したりせずに、更新され続ける。また、地と対になることで（以後、地は天のパートナーとなる）、陰と陽が両極となって働き、その相互作用からたえず諸存在が産み出され、実在が活気づけられる（天が命令を下し、地がそれを現実化する）。[17]

孔子とソクラテス

では、中国思想がその独自性を、どんな転機に負っていたのかを、ヨーロッパの伝統が発展させた論理と対比しながら見てみよう。宗教意識の最初の形である原初的な宇宙論は、中国でもヨーロッパでも、文明の発展と軌を一にしていたが、その時点から、中国思想は存在を生成から分離しようとしたり、神を創造者や第一動者として立てようとするような存在－神学の方向に向かわなかった。けれども、中国思想は、古代の宇宙論的な思考に含まれていた機能主義的な考えを発展させて、その整合性を洗練し続けていった（これに主に寄与したのは、『易経』である）。このことは、中国思想が結局は宇宙論にとどまっていたと言いたいのではなく、それが生成の思想を深め続けて、そこから調整されたプロセスという考えを形成していったと言いたいのである。それに基づいて、中国思想は絶対者を理解した。すなわち、決してその道筋から逸脱せず、そこからたえず実在を活気づけていく天、中国人の言う天が、現実の根元であると同時に、善の源泉なのである。

だが、人はどうすれば天と関わることができるのだろうか。ここでは、孔子がソクラテスの役割を果たしている。世界の運行(天道)について思弁をめぐらすのではなく、孔子は自分にふさわしい行ないについて考察した。弟子たちと交わしたやりとり（『論語』に報告されている）の中で、孔子は弟子たちに、彼ら自身の奥底にある「仁」の徳を発見させようとし、それと同時に、彼らの行ないが常に「中」（どちらにも偏らず、不公平に陥らないようにすること）となるよう諭している。日常生活において自分の行ないをひたすら道理に合わせることで、弟子たちは超越に近づき、万物の運行（理の「大道」）を意識できるようになる。孔子はこう独白している。十五歳で「学に志し」、三十歳でしっかり「立」ち、四十歳でもはや「惑」わぬようになり、五十歳にはとうとう「天命」を知るようになった（『論語』為政四「吾十有五而志于学、三十而立、四十而不惑、五十而知天命」）。ところが、ある弟子はこう述べている。儀礼などの行ないを「完成」させるものについては、先生が語るのはしばしば耳にできるが、「人性や天道」という、最奥に及ぶものについて、「先生の言葉を聞くことはできない」（同、公冶長一二「夫子之文章、可得而聞也。夫子之言性与天道、不可得而聞也」）。とはいえ、その後に注釈者が口を揃えて述べるように、孔子の思想の最も難解な主題である「人性」と「天道」との関係について、孔子はたえず暗示的に語っている。というのも、孔子は、人々の奥底にある仁の徳を明らかにする際には、人々を現実の基礎である実定性の原理に結びつけているし、行ないを常に中庸にするよう諭す際には、大いなる天の理を悟らせているからである。孔子は、実に恭しく天を「畏敬」し続けたが、智慧に達することで、孔子は遥かに天と「符を合する」者でもあったのだ（『論語』季氏八「畏天命」、牟宗三『中国哲学的特質』「遥契」）。

天に根ざした本性

孔子の教えからは、人間の本性を考える二つの道が開かれた。第一は、「天命」から人間の本性を考える道であった（これは『中庸』と『易経』の十翼が辿った道である）。この時もはや、命は、王としての天から差し向けられた命令ではない。それは、現実にあるものの大いなるプロセスからたえまなく発せられ、わたしたちにそれと協調するように仕向ける命法である。換言すれば、天の道は、わたしに内在しているのであり、わたしはそれを授かっている（『中庸』一章「天命之謂性」）。わたしの本性は、その根底では、実在の大いなるプロセスが個別に個体化されて具現したものにほかならない（『易経』乾卦、彖伝「乾道変化、各正性命」）。わたしの本性は、大いなるプロセスの実定性に根ざしている。現実にあるものの大いなるプロセスが、たえず自らの流れに従って、命令を出し続けるように、わたしの本性もまた、大いなるプロセスに繋がっているために、生を活気づけ拡充し続ける使命を担っている。

第二の道は、孟子の取った道である。それは、天から自分の本性を導くのではなく、自分の経験とそれが明らかにするものだけから出発する道である。というのも、羞恥や憐れみの反応の根底において、自分のもって生まれた使命が何なのかは、その目に見える「端」から、手に取るようにわかるからだ（さもなければ、もって生まれた使命を信頼できなくなってしまうだろう）。羞恥や憐れみの反応は、わたしの意に反して（わたしの利害関心の観点を越えて）、個人横断的な存在の論理に帰着する。したがって、こうした「情」の反応がありさえすれば、自分の存在が、実在に共通する大いなるプロセスの中に根ざしていることに気づくのである。しかもそれは、直ちに、思いもかけず、わたしの中に生じるために、わたしは直接にその自然な自発性に近づくことになる。「情」の反応は、わたしを突然、内在の根元に開く。わたしはそこに、道徳的な「命法」としての本性を見いだすだけではなく、それによって、純粋な内在でありプロセスの根元である「天道」にまで遡るのだ。

訳者解説コラム② 内在と超越

道徳の根拠は、この世界を超えた絶対者(神)にあるのか、それとも、もともとこの世の中に備わっているのか。これが本書での超越と内在についての問題設定である。

ここで、西洋=超越、中国=内在という図式を立てるのはいささか単純に過ぎる。超越と内在の違いは、神を自己の外、この世の外に求めるか、あるいは神がこの世のあらゆる細部に、とりわけ自分の心の奥底に宿っているとするかの違いであって、どちらも西洋のキリスト教的伝統に根ざしたものだからである。ただし、内在の考え方も、超越的な神への信仰に裏打ちされたものであるから、西洋では、道徳を超越者たる神によって基礎づけようとしてきたと大まかに言っても間違いではない。

ジュリアンは、中国にも超越はあるとする。それは聖人が従う天である。ただし、この天はこの世の地と対になり、現実世界の流れと相即的であるために、すぐさまこの世に内在する理に置き換えられると言う。そして孟子は、この内在する理を尽くし、道徳的な成熟を果たすことで、超越的な絶対者にまで至ることができると考えたというのである。超越と内在は対立するのではなく、中国では内在の果てに超越があることになる。

かくして中国と西洋の対立は、この世界の現実に即して道徳法則を見いだすか、この世界の現実から距離をとって、こうあるべきだという理念から道徳法則を立て、それを用いて現実を正す方向を取るかの対立に帰着する。ジュリアンが内在と超越という言葉で説明しているのは、こうした中国と西洋との世界に向かう態度の相異にほかならない。

第6章　善か悪か

1　二者択一の論争

カントは言う。人間は悪だという嘆きは、「歴史と同じくらい古くからある」し、「最も古い詩や、祭司宗教と同じくらい古くからある」(『たんなる理性の限界内の宗教』)[18]。それと反対の意見を擁護したのは、少数の教育者や哲学者たちであった。人は悪から善へ進歩する、少なくとも、そうした素質が人間の本性には認められる、と。これは「英雄的な」意見ではあったが、モラリストたちは経験からそれを汲み出すことができなかった。歴史はいつもこうした善への性向を否定するからだ。したがって、この意見は、「セネカからルソーにいたるまで、わたしたちの内に認められるであろう善の萌芽を、たゆまず育むように仕向けるための、好意的な」仮説にすぎない。

人間は悪か

では、人は生まれつき善でも悪でもない、もしくは善でも悪でもある、あるいは、一部分は善であり、一部分は悪であると考えたらどうだろうか。そうすれば、この命題の善か悪かという二者択一的な形式が疑われるだろう。あまり「厳格」ではない中道的な立場にたてば、この意見はより経験に近いのだろうが、しかし、それは受け入れられない。カントはこう指摘している。道徳律だけが意志を十全に決定するのだから、法の外にあるいかなる動機も、法の外にあるというだけで法に違背し、必然的に悪である。さらに言えば、もし人が何らかの観点から見て善であれば、それはその人が道徳律を自分の格率として是認していることになるが、道徳律は普遍性を含んでいる以上、それに合致する格率が個別的でもあると考えるのは矛盾であり、人は善であると同時に悪であることはできない。こうした曖昧さは取り除かねばならない。さもなければ、わたしたちが従う道徳律が整合性を失ってしまう。人間は本来的に「善」なのか「悪」なのか。どちらか一方に決めなければならない。

このカントの議論は、実は古代末期（紀元前四－三世紀）の中国思想に見られた論争でもあった。孟子が、道徳的性向の徴候をわたしたちの中に認めようとしたのに対して、数十年後に生まれた反論者（荀子）は、人が「本性から悪」（性悪）であることを証明しようとしたのである。[19]この反駁は体系的であり、論拠が一つ一つ反論されていった。学派間の論争がここにきて飛躍的に深まったために、反論が論理的に組織され、哲学的な言説たろうとしたのである。

2　荀子の性悪説

荀子が人間の本性は悪だと述べたのは、人は生まれながら、個人的な「利」を求めるようにできており、その結果、「嫉妬」し「憎む」からである。人の本性は欲望を持つことにある。それゆえ、人が自分の性向に従うかぎり、直ちに言い争いや強奪が生じ、社会の治が不可能になってしまう。孟子が人間の本性が善だと信じられたのは、天与のものと、後天的に獲得したものとを区別できなかったからだ。「天与のもの」とは、一挙に与えられるもので、徐々に獲得されるものではないから、学び取るものでも、参与するものでもない（天之就也、不可学、不可事）。

感覚の使用を例に取ってみるとよい。人は学ばずとも見聞きしているが、その能力は当該器官から分離していない。また、天与のものは、学び取る対象ではないと同様に、失われることもない。むしろ、本性が失われるとすれば、それはその樸初の状態からの「分離」、生まれるやいなや始まる分離という意味で、失われるのである（生而離其樸）。逆から言えば、人がその本性において善であると主張することは、素朴なままの状態に、人の長所を見つけることである。ところが、素朴な状態と人間の中にある美点との関係、もしくは、心にある意図と道徳的な善との関係は、視力が目と、聴力が耳と切り離すことができないように、切り離せないわけではない。視力や聴力だけは、「感じて」、「自然に」直接生じる（感而自然、不待事而後生之者也）。そしてこれだけが、天与のものについて可能な定義である。

道具としての道徳

人は本来的には善でないために、人の道徳性は「化」の産物であり、したがって、「人為的」なものである（「偽」の概念）。道徳性は、生まれもった本能に対立するもので、技術的にしか作り出せない。こうして、荀子は、道徳を道具として考えるに至った。すなわち、道徳は、曲がった材木を真っ直ぐにするプレス機や、鈍《なま》った刃を研ぐ研磨盤のようなものである。道徳の場合、古の聖王が作った礼や法がその器具となる。人間の本性が頽落し、不正で、乱に向かい治に向かわないのを見て、過去の聖人たちは道徳という器具を創設し、矯正しようとしたのである。そのために、聖人たちは「熟慮を重ね」、「人為」的な「諸原則」（「基礎」）を活用した（聖人積思慮、習偽故、以生礼義而起法度）。道徳性は、純粋な制作物であるために、完全に人の本性の外部にある。陶工によって鋳造された瓦が、陶工の本性と関係ないのと同様に、古の聖人が立てた道徳には、人に生まれつきそなわったものは何もない（礼義法度者、是生於聖人之偽、非故生於人之性也）。

反対に、悪意が人間の根本に含まれていることは、容易に証明できる。それには、逆の仮定から何が導かれるのかを想像すれば十分だ。王が行使する権力を一瞬でも停止したり、行ないを礼儀にかなったものにする礼や法、それに行ないを抑止する刑罰を放棄したらどうなるだろう。強者が弱者を虐待・収奪し、多数派が少数派を迫害し、社会が乱に陥るのをたちまち目にすることになるだろう。さらに、道具が存在するという一事からして、その道具を産み出す必要があったことは帰納的に十分証明される。プレス機は、木が曲がっているからこそ、それを真っ直ぐにするために存在するのである。同様に、道徳という道具があるのは、人間の本性を正すのに必要だと思われたからである。つまりは、人間の本性が起源から悪であったからである。

さらに言えば、道徳を熱望することが、そもそも人にそれが欠けていることを証明している。実際、「薄」が「厚」を熱望し、「醜」が「美」を熱望するように、人は不道徳であるからこそ、道徳性を熱望するのだ。反対に、富者は富を欲しがらず、貴人は顕位を欲しがらない。自分で持っているものならば、誰も探そうとはしない。したがって、人が道徳を熱望するのは、本来的に道徳を欠いているからである（人之欲為善者、為性悪也）。最後にもう一つ。人間の本性が道徳によって変化しうるという命題があるからこそ、君子と小人というよく知られた対立が説明できる。もし、万人の本性が同じであれば、人間を道徳的に区別するのは天与のものではないことになる。しかしながら、ある人が善に達するのは、その人が自分の本性に力を加えて、生の本能に抗うことができたからであって（能化性、能起偽）、生まれもった性情に従うことで満足している人は、粗野なままである。人間の本性が道徳的ではないというだけでなく、さらには、本性と道徳性は両立しえないことまでも、証明されるのである。

3　荀子の孟子回帰

荀子によれば、一般的に言って、孟子の誤りは自分の理論を「経験」に合致させられなかったことにある（「有辨合、有符験」）。経験というのは、実定的な経験、客観的な証明という意味である）。方法の観点から、荀子はこう指摘している。過去について主張されてきたことも、今確かめられないなら、通用しない。また、自然の運行について言われたことも、人間の次元で確かめられないなら、妥当ではない（故善言古者必有節於今、善言天者必有徴於人）。こうした条件を満たしてはじめて、机上の理論が実行に移される。ところが、生まれながらの善性を言う理論は、この類の保証を何も示していないので、事実の検証に堪えられない。

だが、そうだとしても、次の問いが出てくる。いったい、この場合、どんな証明を持ち出せばよいのか、正確にはどんな「事実」が問題なのか。荀子が掲げた「経験論者」の観点は、むしろ経験を歪曲していないだろうか。論理的な立論を配慮していながらも、かえって自分で自分の首を絞めてはいないだろうか。荀子は、中国ではじめて、学問的な手続きがいかなるものであるかを直観していた。これは魅力的な発見であるし、実際、論理の厳密さについては掛け値無しに信頼できる。しかし、この厳密さは道徳にも当てはまるのだろうか。

道徳の社会的次元

ここでなされた一種のリアリズムによる孟子批判が、真に孟子まで届いていないことは容易に示せるだろう。逆に、確認しなければならないのは、荀子が途中でひそかに孟子の観点と一緒になってはいないかということである。それというのも、荀子は、道徳性に対してあまりに狭い概念から始めてしまったからだ。荀子にとって、善とは公共善、社会の「治」にほかならない（凡古今天下之所謂善者、正理平治也）。この枠組では、「心」の概念は決して現れない。だからこそ、彼はたえず技術者のアナロジーに立ち返るのであり、そこに閉じこもろうとする。そして結局のところ、そのアナロジーが荀子の唯一の論点なのだ。道徳は研磨盤や万力のようなもので、陶工にとって瓦がそうであるように、道徳の産物も人間にとって外在的なものである。ところが、孟子もまた、道徳性のこうした公共的な次元を考慮に入れていた。それどころか、道徳性の物質的な条件について強調さえしていた。孟子は王に単刀直入に述べている。民が自分の命を危ぶむほど貧しい時に、自分の行儀を気にする「暇」などあるでしょうか（『孟子』梁恵王上七「此惟救死而恐不贍、奚暇治礼義哉」）。しかし、孟子の場合は、道徳の社会的次元（礼義）は、個人的な次元（仁義）を排除しない。経験を、単なる客観性に還元することはできないのだ。道徳はまずは心の「内」なる現象であり、社会の治はその延長上で考えられる。

荀子の孟子への反駁は、還元的であるだけでなく、単純化によっている。荀子によると、孟子の誤りは、一挙に与えられる天与のものと、学び取るもの、したがって、後天的に獲得されたものとを、十分明確に区別できなかったことであった。先天的なものが一挙に与えられると、向上の余地はない。ところが、孟子は、努力と自己形成の重要さを疑わなかったし、それどころか、道徳的な向上がいかにして可能かを示そうとしていたのである。そのために、彼は先天的なものと後天的なものとの間に、潜勢的なものという媒介を導入し、両者の矛盾を還元しようとした。

羞恥や憐れみの反応が現す、道徳性の「端」もしくは糸口は、自然的な性向として、確かにわたしたちの中に生まれながらに備わってはいる。しかし、それを拡充する（あらゆる行ないにまで広げる）のは、わたしたちの努力にかかっている。換言すれば、道徳は、あらかじめ定められた素質としてしか、自然には備わっていない。「善」は人間に本来備わっていても、それは「端」を拡げうる可能態としてなのである。

そうでなければ、人が道徳性に至りうることが理解できなくなるだろう。その証拠に、荀子は、意に反して、天与の才質を再び導入してしまってもいる。「塗《みち》の人」（一般の人）がなぜ徳の規範たる聖人、禹《う》になりうるのか。この問いに対して、荀子は、一方では、道徳性には内なる「論理」があり、それによって道徳性を認識したり実践したりできると答え（仁義法正有可知可能之理）、他方では、万人に道徳性を認識できる「資質」と、道徳性を実践する「能力」があると答えた（然而塗之人也、皆有可以知仁義法正之質、皆有可以能仁義法正之具）。万人がそうした素質を自分の中に「内在的に」有していなければ、最も基本的な人間の義務である、父に対する子の義務や君に対する臣の義務までも、誰も知らないことになる。ところが、万人がこうした義務を知っているのだから、万人が自分の中にこうした素質を有しているのだ。こうして、荀子もまた、自然に備わる道徳性へのある種の性向を想定するに至った。まさにそのことによって、荀子もやはり潜勢力という考えを取り上げたのである。彼は続けてこう述べている。原理的な可能性（可以）と実際的な可能性（可使）を区別しなければならない。万人に道徳的である可能性があっても、誰もがそれを実行に移すわけではない。つまり、原理上は、誰もが普通に職を変えられるように、万人が君子になることができるが（小人にもなることができるが）、実際にはそうはならないのである（可以而不可使也）。同じことを孟子ならこう言っただろう。万人は生まれながらに同じ能力を備えているが、ある者だけがそれを実際に拡充したのだ、と。

荀子の孟子回帰

堂々たる反駁として述べられた荀子の孟子への批判は、次第に脇へ逸れ、うまくゆかなくなった。これは何ら驚くべきことではない。最初は、善を厳密に公共善として定義することから始まったのだが、そこに付随的に、内なる道徳性の観念（仁義）が再び現れてくる。結局のところ、それ無しですませられないのではなかろうか。荀子は、人間の性情が「甚だ醜い」と、論の最後で嘆く。そして「賢者だけがそうではない」と言う。これはつまり、賢者には例外的に、天与の善性が備わっているということなのだろうか（だがそうなると、原理として立てられた、人間の本性の普遍性はどうなるのだろう）。また、荀子は次のことを認めてしまった。たとえ「天与の美」が備わっているとしても、人はやはり手本となる師を探し、良い影響をもたらす友を選ばなければならない。ところが、これはまさに孟子の言ったことである。すなわち、師の示す範例、周囲の人の示す徳は、道徳性を展開するための本質的な補助具である。しかも、孟子においてはまさにそうしたことによって、道徳性へ向かう素質が再認識されるのである。

4　荀子とホッブス

人間の本性が「悪」だと唱えた荀子の立論は、次第に方向を変えていき、最初に掲げられたこの主題は忘れられていった。荀子は当時としては斬新な論法を巧みに用い、操作概念を整備したが（たとえば、「直ちに」とか「おのずと」を考えるための概念）、それでも孟子の立場は揺るがなかったのである。とはいえ、荀子の失敗は示唆に富んでいる。その議論の射程は、かつての論者たちが有していたイデオロギー的な枠組を遥かに凌駕しているからだ。真に問題なのは、道徳に関して人間の外側からなされる功利的説明が、どれもこれも、なぜ論理的に正当化できないのかを理解することである。換言すれば、なぜ実定主義が道徳性を説明できないのかを理解することである（実定的 *positif* とは、制定されたという意味であり、天与のものとは反対の意味である)。つまり、一言で言うなら、どういう点で、道徳は法律ではないのかを理解することである。

訳者解説コラム③　実定性と天与のもの

本書では「positif」、「la positivité」を、「négatif」(消極的)の対立概念(積極的)として使われていないかぎり、それぞれ「実定的」、「実定性」と訳した。これらの語は二つの意味で用いられている。一つは、「経験によってわれわれに確かなものとして与えられた(もの)」という意味で、もう一つは「制度によって打ち立てられた(もの)」という意味である。前者は理性を重視する西洋に対して、この世に執着する中国思想の特徴を表す意味で用いられる。

後者の「制度によって打ち立てられた」という意の場合、本書で「天与の(もの)」、「自然な(もの)」と訳した「naturel」と対立する。この対概念が法に対して用いられると、実定法と自然法の対立をなす。これはまた、荀子と孟子の対立、ホッブスとルソーの対立を象徴する。

「天」という古典中国語には、「上空そのもの」、「上空にいます神」、神ではないが「自然界をつかさどるもの」、「自然法則」といった意味があるが、その他に名詞の前に用いられて「自然な」という形容語として用いられる場合がある（とりわけ荀子において）。「naturel」はまさにこの「天」という語と意味領域が重なるが、本書では、文脈に応じて「天与の（もの）」と訳したり、「自然な（もの）」と訳したりした。

欲望から定義する荀子とホッブス

このために、対話を拡大してみたい。孟子は、道徳を、忍びざるものを前にした時の自然的な反応に基礎づけたことで反駁された。他方で、ルソーは、ホッブスが「憐れみ」の重要性に気づかなかったことを批判していた（「同胞の苦しむことを見ることへの生まれながらの嫌悪」、『人間不平等起源論』二三六頁）。事実、孟子に反駁する荀子と、ルソーが反駁するホッブスの間には、一致点が目立つ。両者とも明晰さを自負し、必要最小限の経験にとどまろうとしたからだ。こうして人間特有のものが放棄される。すなわち、ホッブスは魂や「天与の正しい理性」を認めないし、荀子は道徳心を認めない。両者とも、人間の本性を欲望から定義し、その欲望を、純粋な生命の運動として、コナトゥス（存在し続けようとする努力）として理解する。両者は一致して、純粋な「自然状態（生而已）」という考え方をしているのだ（西洋では、ホッブスがこの自然状態という表現に新しい意味を与えた）。

実際、西洋でのホッブスの独創性は、アリストテレス以来の伝統を断ち切ったことにあった。アリストテレスによれば、人が社会を成して生きることは、「政治的動物」としての人間の本性に由来する。ところが、ホッブスが言うには、現実には、人間は何よりも欲望からできており、万人が同じ利得を欲するために、おのずと互いに──「万人が万人に対して」──闘争するに至る。人間は社会を成して生きる自然の素質を持っているのではなく、戦争こそがその自然状態である。これは、見てきた通り、荀子の言い分と全く同じである。荀子によれば、欲望は人間を自然に敵対と乱へ導く。両者とも、情動の検討から同じ結論を出し、経験から同じ立証をしているのだ。荀子はこう述べた。権威と社会的規範による強制が一瞬でも停止されれば、暴力が直ちに再び顔を現す。そして、ホッブスはこう述べた（『リヴァイアサン』一三章）。法律がある時でも、各人が錠や門を閉め、どれほど他者から身を守ろうとしているかを考えてみるとよい、そうすれば、法律がなければ、人間がたちまちどのような状態に戻ってしまうかが容易に想像できるだろう。

したがって、当然の理として、両者とも人間に固有の能力を、超え出る力として考えている。すなわち、樸初の状態から「分離」し、所与のものや現在から脱却する力である。かくして、人は自分自身を素材とする職人となる。本性から脱却することで、人は自らを社会的人間に作り上げる。それは「人為的」なものとしてなのだ（これは、荀子の「偽」の観念に符合する）。そして最後に、述べられる論拠も両者は同じである。すなわち、社会による強制を受け入れないかぎり、人は自然な乱の状態を克服することはできない。

契約の欠落

ところが、次の一点で荀子は曖昧なままだ。もし人間の本性が悪なら、過去の聖王は道徳性をどこから引き出すことができたのか。これに対して、荀子は言葉少なく、彼らは「熟慮を重ね」、「人為的な諸原則」を活用したとだけ述べた。しかし、その聖人たちが彼ら自身のうちにある道徳的な要求、すなわち、天与の素質による要求を感じたのでなければ、どのようにして道徳的な解決を思いついたのだろうか。さらには、何の名によって、彼らは臣下たちに道徳的な解決を課すことができたのだろうか。

これに対して、ホッブスでは、自然状態からの脱出へ向かう必然性はすべて説明されている。はっきりと自然な情動である恐怖が、お互いに対する持続的な戦争によって引き起こされる。そして、それがあるために、人間は元来有していた権利を手放し、喜んで君主や議会に譲渡する。しかも、合理的な計算によってである。自分の生命を危機に晒す暴力の影に怯えるから、人は当然にも共通の権力に従い、社会という枠組の中で身の安全を確保することを選ぶ。このための唯一の条件は、仲間内で相互の同意があったかどうかである。それが、ホッブスの言う、市民かどうかの身分を基礎づける協約や、便宜的な契約である。しかし、荀子には、中国思想全体がそうであるように、こうしたものが全く欠けていた。しかも、わたしには、荀子はまさにこの欠落にたえず寄り掛かろうとしていたように思われる。そしてこの欠落のせいで、孟子への反駁は脇に逸れ、うまくゆかなかったのだ。

ホッブスは、その実定主義から、法（共通の同意によって、自分たちの自由を制限するもの）について考え、契約を構想した。その契約は、社会にあるすべての者の生の条件であるし、そうであるからこそ正当である。すなわち、その契約によって、国家という専横的なものの創設が権利上基礎づけられるのである。しかし、荀子は、道徳的な地平に囚われたままだった。権利と法の思考にまで行き着けなかったため、孟子への反駁は、自律した見方からなされず、論敵に依存したままだったのだ。つまり、その反駁が、法的－政治的な枠の中に位置を占めることができなかったため、専制的な秩序を創設しようにも合法的な基盤を見いだせず、人為的なものを擁護しようにもその対象を欠いていた。

さて、中国は常に次の問題の前に立たされている。すなわち、政治的秩序は、道徳の単なる延長線上に（儒家の言うように礼義を通じて）構想されるのか、それとも、道徳に取って代わる全く別のものなのか（「法家」という中国の全体主義の思想家たちはそう述べる）。荀子は、対立するこの二つの思潮を総合しようとしたために、失敗に終わったのである。一方の道徳の自然さ（これについては中国は十分思考してきた）の領域と、他方の（とりわけルソーが西洋にもたらしたような）契約や法による市民社会の創設の領域とを、補完するものが欠けていたからである（これは、中国では今もなお欠けている）。それればかりか、荀子は、権力が政治制度の空白を利用するのに任せ、その権力がいかなる法にも制限されず専横的であることに目をつむるという危険を冒したのである。

第7章　失われた性を求めて

1　失われた本性

本性が善であるという見解に立つと決めても、別の見解から離れるわけにはいかない。なぜなら、その別の見解は、仮説というよりも、現状確認だからだ。すなわち、ある行為が絶対的に善であると確信するのは実に困難であるが（カントなら、不可能であるとまで言うだろう）、その行為が幾分かは悪であることは否定できない。したがって、道徳の根拠づけが、実用的でまったく功利的な釈明に終始せずに、原理からして人間は善であると主張するのであれば、その際、人がどのようにして頽落し、悪となりうるかを説明する必要がある。この問いに対する答えは、古典的である（同じ前提から何か別の答えがありうるだろうか）。すなわち、人間が悪になったとすれば、それはその本来の性を捨てたからであり、それを「失った」からである。これは、アダムの物語に結びつけられた、いかにもキリスト教的な解決である。たとえばパスカルの神は言う。「おまえは今はもう、わたしが作った状態にない」（『パンセ』第七章四三〇）。神は人間を、「清く、無垢に、完全に」創造した。しかし、思い上がった人間は、神から身を隠そうとしたので、「わたしは人間をその本人に委ねることにした」。そのため、それ以後、人間は「二つの本性」を持った。第一の本性は、神に由来し、人間の中に「偉大さ」の原理として残っている（この原理のため、人間はまだ善を望む）。第二の本性は、堕落の結果であって、人間の中では、悪と結びついた「惨めさ」の原理となっている。この「二つの能力」だけが、人間の中にある「驚くべき対立」を説明できる。

カントとルソーの解決策

さて、カントは「たんなる理性の限界内における」宗教を考えようとしたにもかかわらず、依然としてこうした解決策に従っていた。少なくとも彼は、人間の中の悪の起源に、いかなる「了解可能な理由」も見いださなかったために、聖書の物語の表象に戻らざるをえなかったのである。[20] すなわち、いかなる悪にも傾いていない時、人間は「無垢」な状態にある。その後、感覚的な衝動が法に先立つと、人間は罪を犯す。

そこから「堕落」が生じる。しかし、「心の頽廃」にもかかわらず、人間は自分の中に「善意志」を保持している、というわけである。ルソーはというと、原罪という教義に対するその時代の敵意を共有してはいたが、その図式からまだ本当には抜け出していなかった。だが、ルソーはその図式を世俗化し、人間の二つの本性を社会の変遷に即して考えた。いやむしろ、人間の「堕落」こそが、まさしく社会をもたらしたのである。最初の人間たちは、平等かつ自由に生きていたため無垢であった。その後、「人間理性を完成し」たことで、「種を損なう」ことになり、人間は「社交的」になることで、「邪悪」になった（『人間不平等起源論』二四六頁）。あるいは、『エミール』で述べているように（中、九四頁）、人間は「本性において善」であり、自分では今でもそのように「感じ」ているが、社会が人間を堕落させており、人間の「偏見」があらゆる悪徳の源泉になっている。

心で実感すること

孟子も別の解決策を持っているわけではない。上述したように、孟子を反駁した荀子は、人間が道徳的に見て様々に異なっていることから、人間の本性は本来的に悪であり、それは万人に共通していて、道徳性によって変化しうることを証明しようとした。ところが、孟子は明らかに反対の立場を取っていた。孟子は、人間の本性の「喪失」を持ち出し、人間は善から離れ、不善の行ないをすることもあると説いた。本来の性に完全に一致しているのは、聖人だけである。それ以外の人々は、力を尽くして本性に「回帰」する必要がある（尽心下三三「堯舜性者也。湯武反之也」）。いつでもそうできるのは、本性を「失」うことが、実際には、「心」を失うことにほかならないからである。これは人間性を「基礎」づけている「心」であり（告子上一〇「失其本心」）、「赤子」の頃より自分の内に備わっている（離婁下一二「不失其赤子之心」）。それゆえ、道徳性は複雑なものではない。何ら特別な能力が要求されるのではなく、単に心を取り戻すだけでよい。とはいえ、それは途轍もないことである。それには、もう一度、心を失ったことを「思」わなければならない（告子上一三、一五、一七）。人間の唯一の誤りは、心を有していることに気づかずに、あまりにしばしば心を「放」してしまうことである。

孟子は相手を論破するために次のように言う（告子上一一、一二）。鶏や犬がいなくなったら、探しに行くものだと知っているのに、自分の心を無くしても、それを探すことを知らないとは（有放心而不知求）！　学習と実践の対象である「道」は「他でもなく」、「失われた心」を探しに行くことにほかならない（学問之道無他、求其放心而已矣)。

また、孟子は別の箇所でも述べている（尽心上五）。人間は「一生ずっと道の上を歩いているのに、その道が何かを知らない」。すなわち「実践していながらも、何をしているかはっきり知らない」、「習熟していながら、よく察知していない」。結局、最も近しいもの、最も親しみ深いものを、心で実感する（英語の *realize*）ことが一番難しい。そこから退くのでもなく、把握するのでもない。言うならば、それを対象化することはできない。これはまさに「道」について言えることである。「道」は、純粋な内在であることによって、わたしたちの心を自然に、すなわち、わたしたちの本性に応じて導くのだから。

2　今、塞がれている本性

したがって、孟子の解決策は、西洋の啓蒙の哲学者であるルソーやカントが乗り越えようと努力しながら、依然として繋ぎ止められていた考え方と、可能性の幅において一致している。しかし、その意味は異なっている。本性を失うことは、聖書によれば最初の人間以来の、ルソーでは原初の人類以来の、人間の共通の宿命である。しかし孟子は、こうした宿命があらかじめ与えられていて、その後にわたしたちの本質が問題になるといった具合には考えない。本性を失うことは、わたしたち一人一人の問題なのだ。それは、純粋に、今、現にある問題であり、取り返しのつかないことではない。とはいえ、わたしたちはたえずそれを失いかねない状態にある。

ところで、すでにカントも、アダムの罪を、わたしたちにずっとのしかかる生まれながらの穢れだとは考えていなかった。それは、わたしたちの各人がその都度繰り返す行為である。リクールが述べたように、わたしたちは、アダムとして罪を犯すのではなくアダムのように罪を犯す。アダムの物語が与えてくれるのは、わたしたちがあたかもアダムのように、無垢な状態からいきなり罪を犯すことの説明である[21]。とはいえ、喪失や堕落といったテーマは、西洋の思索においては、依然として神話的な次元を保持しており、完全に哲学の側に取り込まれることはなかった。ところが、反対に、孟子は本性の喪失をどんな物語にも基づかせないし、いかなる話の素材にもしない。いや、短い話ならあるが、それは神話の役目を果たしてはいない。しかし、自分の心を思うことは実に困難であるため、たとえば次のようなアナロジーに間接的に頼るのである（告子上八）。

失われた森の話

牛山にはかつて美しい木々が茂っていた。しかし首府に近かったため、「斧と鉞《まさかり》で木々を切り倒し」、この美しい森は失われてしまった。それでも、樹液が切り株の根にまで滞りなく流れ届き、さらには雨露に潤されたため、「新芽や若枝が生えてきていた」。ところが今度は、牛や羊がやって来て、それを餌にしてしまった。こうして、今ではその山は丸裸である。山がツルツルなのを見ると、この山が森に覆われていたとは誰も思わない。しかし、このような現在の状態が、山の真の「性」であるのだろうか（此豈山之性也哉）。

ここから次の教訓が容易に導かれる。人間は道徳心を有しているのだが、森が失われたように、外から力を加えられることで、それを失ってしまう。ただし、イメージの重要性はこれに尽きるものではない。孟子が注意深く説明することを、より正確に読めば、人間の本性の喪失を、日常の生活との関連で、実存的な様態で把握できる。樹液が切り株の根にまで滞りなく流れ届き、その気の流れによって木々に再び生命が与えられたように、人間もまた、静かな夜明けに目覚める時、生命の気の流れによって回復する。「その時わたしたちの善悪の判断は、人々と共通するようになる」（其好悪与人相近也）。夜が明け朝を迎える時は、夜の休息によって前日の心配事は解消され、昼間の利害関心に基づく活動はまだ始まっていない。この時、心はとらわれることなく、最も自分を理解でき、この間隙を縫って、人間の道徳的傾向が現れる（羞恥や憐れみの反応がそうであったように、ここでまたその「糸口」が摑まれる）。しかし、それは「かろうじて」（幾希）、「若枝」のように、一時的に現れるが、昼間の雑事が再びすぐにそれを妨げ、摘み取ってしまう。摘み取られると、もはや夜の回復効果を利用することはできない。そして、昼間の行動は、利害関心の下にあるために、本性の傾向に合致できないのである。

こうしたイメージの論理は、またしてもルソーに連れ戻す。ルソーは、心は壊れやすいものだという直観、より現象学的な直観に近づいていた。彼もまた、心が壊れやすいという経験を描くことができたのである（『エミール』中、一八九頁）。「良心は内気であり、引退と平和を好む」。先入見の声は「良心の声を摘み取り、聞こえなくしてしまう」。「良心は、いつもはねつけられるので、ついに意気阻喪して、わたしたちに何も語りかけず、何も答えようとはしなくなる。そして、長いあいだ良心を無視していると、たやすくそれを追いはらえなかったのと同じように、たやすく呼び戻すこともできなくなる」。妨害と摘み取りというイメージが、特によく似ている。とはいえ、一方が、良心の声（上述したように、これは神の声あるいは牧人の声という西洋的パラダイムに対応する）に差し向けられているのに対して、他方は、植物に差し向けられている（農民たちの土地である中国では、声に代わるパラダイムは、植物の生長である）。中国思想の支配的な主題である、歩むべき「道」との関連を想起すると、この妨害は障害物であり、道を覆う茅草である（尽心下二一）。山の細道でも、そこを通れば道となるが、しばらく使わないでいると、茅草に塞がれる。孟子は対話者に向かって、こう結論づけた。今、あなたの心は「塞がれ」ている（今茅塞子之心矣）。

3　自明なる道徳性

キリスト教的な見地からは二つの本性が出てきて、本来的な性を失って、もう一つの本性である堕落した本性に陥る。そのため、わたしたちは自分自身では原初の状態に戻れない。アダムの罪を贖《あがな》うには、キリストの仲介が必要なのだ。ところが、孟子では、人間にはとにかく一つの本性しかない。それは、それ自体善であるが、人は時にそれに「従い」（『中庸』一章参照。「率性之謂道」）、時にそれを失う。後者の場合、人は道徳的に振る舞わず、結果として「自分自身に暴力を加え」（自暴）、さらには「自分自身を棄てる」（離婁上一〇「自棄」）。本性を再発見できるかどうかは、全く当人次第なのだ。本性の守護者は、常に自分の力なのである。

本性を思え

孟子は、続けてこう述べている（離婁上一一）。人の「道」は「近く」にあるのに、人はそれを「遠く」に探し求める。人の務めは「容易である」(*)のに、人はそれを「難しいところに」探し求める（道在爾而求諸遠。事在易而求諸難）。本性を問題にする場合に、人間の誤りは一般的に、一生懸命努力し、「ことさらにする」（故）ことにある（離婁下二六）。けれども、別の所を探したり、別の物を見つけたり、秘密を見抜いたりする必要はないのだ（『中庸』一一章参照。「素隠行怪」）。換言すれば、啓示を期待することもないし、神の救いも必要としない。ただ自分の能力を活発に保つだけでよい。自分の本性を失わないためには、自分の心を思うことを失わずに、それを現前させ、現に保つだけでよいのである。孟子は、より簡潔にこう述べる（離婁下二八）。「君子が他の人々と異なるゆえんは、君子が心を存在させ続けていることにある」（「君子所以異於人者、以其存心也」、『易経』繋辞上伝七章「成性存存、道義之門」）。だからこそ、孟子は、心理学的な心（意識するという意味での心。孟子の言い方では「思」にあたる。ドイツ語の *Bewußtsein*）と道徳的な心（ルソー的な意味での良心。ドイツ語の *Gewissen*）とを区別する必要がなかった。なぜなら、自分が道徳的であるということは、自分が現実に何であるのか（自分の「本性」）を意識することであるし、心を存在させることは、同時に、本性を回復することであり、使命を知ることであるからだ。

（＊）これは中国の兵法でも同じである。古書（『孫子』形篇）によれば、戦略家が勝利するのは常に「容易なところ」からである（勝於易勝者也）。なぜなら、状況に伏在する潜勢力を利用できれば、対決の時にはもう力をふるわなくてもよいからだ。こうした容易さの称賛は（偉業を讃える西洋文化と対立して）、中国思想に共通するテーマである。聖人の技法は、偉大な功績を主張するというよりも、『老子』六三章にあるように、物事に「容易な」段階で取り組み（天下難事、必作於易）、それが広がるようにすることにある。

道徳は当為ではない

だからまた、孟子の道徳は命令的ではないし、規則や戒律を気にかけていない。この点で、孟子の道徳は、日常言語によるある種の直観に紛れもなく結びついている。為すべきではないという判断を正当化するのに、単純に「それは為されない」と述べられる。この定式は考えられるあらゆる判断を排除して、一つの事実確認に還元されているように見える。あたかも、道徳は当為に属するのではなく、最初から実在に属していたかのようであり、道徳は評価や意志の対象ではなく、自明の対象であったかのようである。これは『孟子』の諸表現に見てとれる効果であって、それらの表現を字義通りに訳せばよくわかる。「人には為さないことがあり、その後にのみ本当に為すことができる」（離婁下八「人有不為也、而後可以有為」）。あるいは、「為さないことは為さず、欲しないことは欲しない。このようにするだけのことだ」（尽心上一七「無為其所不為、無欲其所不欲、如此而已矣」）。

イギリス人の翻訳者レッグは、この箇所についてこう述べた。「これを翻訳でわからせるには、多くのことを補わなくてはならない」（四五七頁）。また、クヴルールは、この一節を次のように翻訳した。「為すべきでないと知っていることは為すな、欲すべきでないと知っていることは欲するな」（六一四頁）。しかし、このように表現を補うことで、彼らは原文が含意していたより深い意味を奪い取っている。すなわち、あえて道徳を規範的な観点から見たり、当為の観点（これはカントが徹底化したキリスト教的な観点であった）から見たりしないことの意味を、奪い取っているのだ。確かに、人間が本性から離れていなければ、道徳は——それは本性であるのだから——存在の中に含まれている。そのため、道徳と背馳するものは、はじめから否定されている。だからこそ、「為さないことは為さない」という、ここでの『孟子』の定式はトートロジーすれすれであって、「あなたは……しなければならない」といった類の責務という価値をいささかも加えていない。一言で言えば、行ないをモデル化することを拒んでいる。孟子が苦心したのは、わたしたちが自明だと感じるような感情から、少しも離れないようにすることであった。この感情は、わたしたちの心が現実にあらわれたものであり、存在を導いている論理と同じだからである（これが中国の「理」となっていく）。こうして、『孟子』の定式は、あたかも事実を述べるように、「このようにするだけのことだ」と言えば十分なのである。

おのずと得られる道徳性

さもなければ、『孟子』の次のような微細な区別は理解できないだろう。「聖人は道徳性に従うのであって、それを行なうのではない」（離婁下一九「由仁義行、非行仁義也」）。これを注解した朱熹は、次のように説明している。「道徳性は心に根ざしているのだから、行なうことはみなそこから出てくる。道徳性をすばらしいと考えてから、その後にそれを努めて行なうのではない」。この差は微妙だが、決定的である。それ自体善である本性の命法と完全に合致することが智慧にほかならないが、この智慧に達すれば、道徳性と自己との間の隔たりに苦しむことはない。道徳性は、必ず無媒介的であって、おのずと自然にわき上がってくる。それは、目指されるものではない。理論‐実践といった関係の中で、目標物として捉えて、その後に実行に移すようなものではないのだ。

道徳性は目的として立てられるのではなく、ただ帰結として生じるだけである。換言すれば、それは効果（果）にすぎない（離婁下一一）。そしてこの効果自体は「おのずと得られ」、人が「どちらを向いていようが」、「源から」流れ出てくる（離婁下一四「取之左右、逢其原、故君子欲其自得之也」）。さらに、孟子は次のように言う（尽心下三三）。死に涙するのは悲しいからであって、「生者のため」ではない。また、「きちんと」徳に従い、「回り道もしない」のは、「俸禄を得るため」ではない。そして、「言語が必ず信であるのは、正しい行ないをしようとするためではない」。聖人は道徳的に振る舞おうと考える必要がないし、そうする意図を持つことさえない。ことさらに為すのではないのだ。聖人はその本性をわずかも失っていないために、その心は平らかである。だからこそ、道徳性がその心から欠けることなく生じるのである。

4　理想的な便宜主義

わたしたちは、内なる本性の命法に従うだけで十分である。振る舞いに外から枠をはめる規則や原則は必要ない。振る舞いを型にはめコード化するような命法によって、前もって振る舞いが定められていないからこそ、わたしたちは状況の違いに常に対応し、あらゆる変化に順応できる。規則や原則（これらは実にしばしば、道徳の支柱として用いられてきた）には、二つの短所がある。一つは、それらが心のモデルとなると、どうしても心と道徳性を別のものにしてしまうという短所である（そうなると、道徳性は、自然に働かずに、目標物にすぎなくなる）。もう一つは、それらは、厳密で、状況を超えたものを内包しているので、行ないと個別の状況を作り上げているものとを、無理矢理隔ててしまうという短所である。つまり、ここには、自己からの隔たりと、世界からの隔たりという、二つの隔たりがある。仔細に検討すれば、規則による仲介はむしろハンディキャップなのだ。それは心を拘束するだけでなく、行ないも硬直させてしまう。ところが、世界は変化し続けているし、直面している状況は常に新たである。規則は、それが一般的であるがために、わたしたちが世界とうまくいかないようにしてしまうのだ。

便宜主義の肯定

ヨーロッパ文化では、聖人と兵法家とは対立しているし、内なる心とありのままの世界とはたえず切り離して考えられてきた。カントの言う定言命法（無条件に普遍妥当する道徳）に最も対立するのは、自らの行ないの格率を、所与の状況に従属させる、さらには、所与の状況のみを考慮するという考えである。言いかえれば、良心の要請に最も反するのは、便宜主義である。ところが、中国思想が教えるのは、この便宜主義という語の意味を逆転させ、それが象徴するものを変換し、それを肯定的に直視することである。智慧が内なる本性の命法に従うことであるなら、聖人は、自分の外に出て、それがどう現実を導くのかを顧慮しないわけにはいかない。聖人は、世界に内在する論理と手を切ることができず、むしろ兵法家のように、その論理を個々の状況に最もよく合致させることを使命としている。通常、便宜主義が批判されるのは、それが必要とあらば、規則や原則をごまかして、状況を利用するからである。けれども、もし最初から規則や原則を立てなければどうだろうか。もはや「ごまかす」余地はないし、その際の唯一の美徳は「従うこと」であり、強制ではなく「合致する」ことである。心が本性の命法に合致し、行ないが世界の推移に合致することである。

『孟子』には、過去の偉大な人物たちが対照的な姿で記されている。伯夷《はくい》は、自分が王と認める王にしか仕えようとせず、統治に値する立派な民しか統治しようとしなかった。彼は世が治まっている時には職責を担い、世が乱れている時には隠棲した。反対に、伊尹《いいん》は、どんな王であっても仕えるし、どんな民であっても統治しようとした。世が治まっていようが乱れていようが、職責を担ったのである（公孫丑上二）。この二人には、対立したものではあるが、原則があった。ところが、孔子にはそれがない。つまり、「仕えるべき時には仕え、辞すべき時には辞する。時間をかけるべき時には時間をかけ、急ぐべき時には急いだ」。孔子はいかなる規則にも固執せず、あらゆる先入見から自由であり、状況が要求するものに完璧に対処できる。これは彼の人生の細部にまで当てはまる。たとえば、自分の国を去る時には、なかなか進まなし（それほど心残りなのだ）、隣国を去る時には、水につけた米を手で掻き集める暇もなく速やかに立ち去った（尽心下一七）。ところが、規則に拘泥する人は、どちらかの側につこうとして、必ず誤りをおかす。自分が汚れるのを恐れて、原則にのっとり、周りの人たちと一切妥協しない人も誤る。なぜなら、純粋さを守るために、あらゆる社会を避けることは、無益であるし、身勝手でもあるからだ（滕文公下一〇）。そして、自分の道徳的潔癖さは自分次第であって、他人は関係ないということを原則にする人も誤る（たとえば、柳下恵《りゅうかけい》。公孫丑上九）。前者は「隘（広い視野が欠けている）」であって、頑なにすぎるし、後者はうぬぼれがすぎ、「恭しくない」（伯夷隘。柳下恵不恭）。

「権」の重視

ある有名な詭弁家が、孟子を道徳と矛盾させてやろうと考えた（離婁上一七）。「物を渡す時、男女は手を触れてはならないというのは礼にかなっていますか」。孟子はもちろん同意する。「では、兄嫁が溺れている時、あなたは手を差し出して水中から引き上げるのでしょうか」。孟子は憤って、助けないのは人間性を全く失うことだろうと述べる。孟子は言う。一方に礼があれば、他方に「権（状況判断）」がある（男女授受不親、礼也。嫂溺援之以手者、権也）。この状況判断という概念（秤ではかるという意味の「権」）は、すでに孔子の教えの頂点に置かれていたものである（『論語』子罕二九）。頂点というのは、この概念が、順番として最後に置かれ、ありとあらゆる原則を超え出ているものだからだ。つまり、共に学問を「学ぶ」ことができれば、次には他人と共に迷わず道を行くことが大切である。また、共に迷わず道を行くことができれば、次には同じ立場をしっかり共有する能力が大切である。さらに、同じ立場をしっかり共有することができれば、次には状況を共に判断する能力が重視される（可与共学、未可与適道。可与適道、未可与立。可与立、未可与権）。こうして、孔子は自らを「固定された立場がない」と言ったのである（同四）。孔子は、どのようにも分類できず(22)（微子八）、特定の「自我」を持たない（子罕四「子絶四、毋意、毋必、毋固、毋我」）。

それゆえ、孔子は定義できない。だが、他の人々は、それぞれの原則に応じて定義できる。一人目の伯夷は聖人の「清（純粋さ）」を、二人目の伊尹は聖人の「任（責任）」を、三人目の柳下恵は聖人の「和（調和）」を体現していると言える。しかし、孔子については、孟子は特定的なことは何も述べなかった。ただその特徴を表すとすれば、次の一語しかなかった。それは「時」である（『孟子』万章下一）。聖人である孔子については、こう言うほかない。「孔子は聖の時である」（孔子、聖之時者也）。だが、これは孔子の特徴について何も言ったことにはならない。孔子は特定の特徴を示さない。なぜなら、「時」である聖人は、それぞれの機会が要求するもの、それぞれの状況がそれ自体に含んでいるものであるからだ。だが、それゆえに、孔子は完全な聖人なのである。孟子が続けて述べるように、孔子はすべての徳の「集大成」である（孔子之謂集大成）。孔子の心は決して誤ることがないし、その行ないはぐらつかない。孔子は意図的な機会主義者なのである。

III　他者への責任

第8章　人間性、連帯

1　人間的（仁）であること

時代や文化が隔たっているにもかかわらず、ヨーロッパでも中国でも、出発点には同じ経験が認められる。しかし、一方が他方に影響を与えたというわけではなかった。上述したように、孟子が言及した忍びざる反応は、ルソーの言う憐れみによく似ている。いや、これに限っては、近似以上のものがある。用語や言葉遣いそして哲学的な論拠が異なってはいても、ここには共通した根元が不意に露呈しており、同じ反応を敏感に感じ、同じ言葉が語られるのを耳にする。それは、心を揺さぶる叫びであって、憤慨の叫びでもあり、同情の叫びでもある。場所や時間がどうであれ、言語が何であれ、他人を脅かすものを前にした場合、世界中至るところでたえず発せられる叫びである。

「人間」という不当な前提

けれども、わたしは次のような考えには抵抗を覚える。本質の同一性が基盤にあり、様々な文明はそのバリエーションにすぎず、人類はただそれを例証するだけだという考えである。というのも、孟子とルソーのように遠く隔たった思想が互いに接近しているとしても、それだけでは何も証明していないからだ。接近しているのは、ヨーロッパと中国が結局は並置でき、さらには一方を古代に、他方を現代に置くことができるという理由からではないし、普遍性に訴える権利を有するからでもない。また、時間的・空間的な隔たりをすべて廃棄して、「人間」（もしこの語に何か意味があるとして）に到達し、イデオロギーを越えたと主張できるからでもない。よく知られているように、人間ほど疑わしいものは他にない。人間は、常にそして至るところで、永遠の本質として定義されるか、少なくとも、共通分母として定義される。その結果、人間に対してある規範が定められ、人間はかくあるべしと語られる。これが疑わしい。周知のとおり、この種の判断を支えようとして、すべてのヒューマニズムが同じ不当な前提に立つ過誤をたえず犯しているからだ。すなわち、抽象的で特定的な人間（大文字の人間）なるものが、現実に存在しているという不当な前提である。しかも、もし人間一般に関する命題を述べられなければ、もはや道徳を基礎づけられないとされる。

だが、憐れみの反応以外で、孟子とルソーが合致するのは、人間一般に関する一切の定義から身を退き、あらゆる規範の手前にとどまるということである。両者とも少なくとも、このように言うだけで満足している。「人間」であるとは、「人間的である」ことである。このように述べることで、わたしはできるかぎり、主語と述語の間に隔たりがないように、すなわち「人間」と「人間的である」との間に隔たりがないようにしている。この命題にもならない表現において、真偽の判断が問題になることは無い。わたしはそこからほんのわずかの意味を引き出そうとしているだけだ。

しかし、このわずかに引き出された意味は莫大である。わたしは断定すれすれに留まっているが、すべてが含まれているし、意図は満たされている。トートロジーをかすめながらも、陳腐な繰り返しからは最も遠くにいる。つまり、述語が主語を繰り返してはいないのに、完全に主語から導かれている。述語は主語から離れずに、人間をその本性に送り戻し（だが、本性を定義しなければならないわけではない）、人間の使命を露わにする（だが、それをコード化する義務があるわけではない）。換言すれば、人間の当為は人間の存在の中に含まれていて、人間の価値は外から付け加えられるものではない。こうして、大文字の「人間」に関する、イデオロギーがかった先入見を逃れるのである。これといって何を主張したわけでも、こじつけたわけでもないのに、ここには、あらゆる命題の裏をかいた、道徳の基本的な命題があるのである。

「仁」と「人間的」であること

人間は人間的でなければならないと述べることで、わたしはほとんど前進しなかったが、すべてはすでにこの中に語られている。西洋では、ルソーが熱弁をふるって、わたしたちにその本性との合同を強調した。「人間よ、人間的であれ。これがあなた方の第一の義務である。あらゆる身分の人、あらゆる年齢の人、人間にとって無縁ではないすべてのものに対して人間的であれ。いったい人間性の外に、いかなる智慧があなた方にあるというのか」(『エミール』上、七九頁)。

それに対して、中国思想が教えるのは、人間的であることとは、他人との関係で人間であるということである。「仁」という概念は、イエズス会士によって、「人間性」の徳と翻訳されてきたが、その字は「人」と数字の「二」から作られている。それ以上に、何の意味の付加もない。人間の徳は人間の中にあり、人が二人いれば現れるという意味である。孔子の教えは、仁を洗練し、それを中心に置いている。そこでは、仁は最もありふれた経験であって、最も身近にあるものを指している（「わたしが仁を欲すると、それはここにやってくる」『論語』述而二九「我欲仁、斯仁至矣」）。ただし、その意味は限定できず、せいぜいその「方向」が示されるだけだ。仁の概念はあらゆる経験をはみ出している。人が仁たろうとすることに終わりはなく、この理想は常にわたしたちが及ぶ先にあるのだ（「自分が仁であるなどと、とても言えない」述而三三「若聖与仁、則吾豈敢」）。

そのため、『孟子』では、仁の力は井戸に落ちそうになる子供を前にした時のように、どんな小さな経験の中にも現れるが、その際、人は仁の「端緒」しか摑んでいない、と述べられる。仁はあらゆる徳の基盤にあり、それらの徳を拡充させるものである。道徳性は仁に要約される。徳はすべて、二つか四つの組をなすが[23]、いずれも同じ仁の光から回折したものにほかならない。「君子は仁であるのみ」（告子下六「君子亦仁而已矣」）であり、あるいは、「仁であることは人間そのものである」（尽心下一六「仁也者人也」）。孟子の道徳は、決して命令的ではなく、自分の本性と一致することを求めるだけである（これは、結局は命法ではなく、おのずとそうなることだ）。そのため、孟子の道徳が根底において語っているのは、人間の義務は、他人に仁であることだという点に尽きる。

この仁の資質が、あらゆる道徳性の源泉にある。仁はそれだけで人の「心」であり、それに対して、正しさ（義）はそこから拡充される「正しい」道である（告子上一一「仁、人心也。義、人路也」）。また仁は人の「宅」であって、そこに人は「平安」を見いだすことができる（離婁上一〇「安宅」）。仁は、それを補完する「尊敬」の要請（この尊敬は社会的な上下関係を前提していて、年長者や君主に対する尊敬である）と比べると、その情愛的な価値がより明らかである。したがって、それは最も具体的には「近親者」や「親族」への愛に見られる（離婁下二八、尽心上一五「親親、仁也」、同四六）。だが原理からすると、この仁の徳は人間全体に向けられている（尽心上四五）。つまり君子は、一方で存在するすべての物を「愛《いと》」おしみ、他方で自分の親族に「親」しむが、この両端の間で、人間全体に対して「仁」なのである（君子之於物也、愛之而弗仁。於民也、仁之而弗親。親親而仁民、仁民而愛物）。

2　万物はわたしの中に備わっている

それでも、憐れみから見いだされた次の問題は、やはり課題として残されている。いったい、わたしを人々に結びつけ、わたしたちの「仁」を基礎づけているのは、何なのか。「人」がいて、「わたし」がいる。二人の別の人間がいる時、次の問いは避けられない。わたしの外なる他人に生じたことを、わたしの内で感じるのは、何によってなのか。わたしが他人に心動かされるのは、何によってなのか。他人を脅かすものを前にすると、忍びざる反応がただちに生じるのであれば、そこには、何らかの仕方で、他人がすでにわたしの内に現前していることが前提されている。『孟子』のある章は、この方向に向かう（尽心上四）。「孟子が言う。万物はわたしの中に備わっている。もしわたしが自分自身に反《かえ》り、本当にそうであるとわかれば、これ以上の楽しみはない。人へ向かう心を努力して自分の行ないに拡充することは、仁に達する最短の道である」（孟子日、万物皆備於我矣、反身而誠、楽莫大焉。強恕而行、求仁莫近焉）。

万物との関わり

遠ざけるべきは、二つの誤った道である。第一に、人がわたしの内に現前することを、観念論の意味で理解してはならない。たとえば、クヴルールはこの文章を、西洋哲学の見方に置き直して、次のように翻訳している。「わたしたちは自分の中にすべての認識の原理を有している」（六〇九頁）。これはまちがっている。というのも、孟子は認識論――この問題を孟子は立ててさえいない――ではなく、行ないに心を砕いていたからである。(24) 第二に、これは、神秘主義で証明されるものでもない。たとえばレッグは次のように述べた。「この章は神秘的であり」、「さらに先へ進んでいくと、当惑させられる」(四五〇頁)。この見解は、馮友蘭《ふうゆうらん》のような二十世紀の中国人自身によっても繰り返されたが、およそ孟子とは正反対の解釈だ。もし『孟子』の思想が神秘主義を招くとすれば、それはむしろ、インド伝来の仏教に影響されたためで、約千五百年も後のことである(宋代。なかでも程顥《ていこう》は、この箇所を他人との内的な合一という意味で読解した。『二程遺書』巻二上「仁者、渾然与物同体。……此道与物無対」)。

孟子の文章それ自体は、自己(感覚や理性)の脱落も、「自己に対する」世界の超克(与物無対)も述べていない。忘我も融即も扱っていない。孟子の願いは、「仁」に達することであり、そのための道が示されているのである。わたしがなすべきは、他人に関して有する思いを、自分の行ないに拡充するだけである(これが「恕」の意味であって、二つの注釈がある。「自分の心から、他人の心を判断する」『朱子語類』巻一八「以恕己之心恕人」、「自分の仁の感覚を、他人に推し及ぼす」朱熹『孟子集注』尽心上四「恕、推己以及人也」)。この仁の感覚それ自体は、汲み尽くせないし、すべての定義を越えているために、孟子は注意深く還元的な定式を一切避けて、それに「近い」ものを示すことで満足した。

とはいえ、語りえないものへの崇拝があるわけではない。万物がわたしの内に「備わっている」（わたしがはじめから万物を完全に「備」えている）ということは、単に次のことを意味しているだけだ。すなわち、わたしは万物と根底的な関係を持つ。つまり、万物が存在の根底で、わたしを摑んでいるということ、万物に連なっているということ、したがって、本来的に万物と関わっているということである。自分自身に反《かえ》り、他人に関わるすべてを本当に感じていることが確かめられると、わたしは自分が本性と合致していることに気づく（これが「誠」の意味である）。だからこそ、「これ以上の楽しみ」は無いのである。

痺れの比喩

外にある万物がわたしの中にも備わっている、したがって、わたしは万物に暗黙のうちに関わっている。仁を考えるにはこれで十分である。道徳とは、生まれつき備わっていたものを、行ないによってただ拡充することであって、生の本源にある統合をわたしの存在において明らかにすることである。だとすれば、なすべき仁は、わたしの中に潜在する他者への感受性を、身の回りのあらゆる場面で現実化することである。

後代の注釈者たちは、この仁の感覚を特徴づけるのに、身体との関係から明らかにするのが最もよいと考えた。すなわち、中国医学の文献では、この同じ「仁」という文字を用い、手や足といった四肢の末端の痺《しび》れを否定形の「不仁」で示している。生気が「その間を巡っていない」時に、人は、「それらは自分のものではない」印象を持ち、それらをもはや感じることがない。「不仁」であることは、麻痺していることであり、逆に、「仁」であること、人間的であることは、他者への麻痺した心から離脱することである。他者に生じることが身につまされ、他者との生き生きした繋がりを強く感じることである[25]。

人が仁でなくなるということは、本性が不随となり、心が痺れることである。この隠喩を用いて、中国の注釈者たちは、自他の相互依存の感情、つまり、本来的に心から心へと移るもの（実際には、感動や気）、あるいは共同体の「成員＝四肢」の間で心と心を連帯させておくものを表現したのである。一つの気が、痺れていない時には、身体の隅々まで巡っているように、それぞれの心も、凝り固まっていない時には、他者との感じ合う関係を保ち続けている。したがって、憐れみの反応において、わたしと他者の間の「障壁」が、なぜ突然消えるのかと問う必要はない。そうした障壁は、最初から、自己の感情に基づいた個人主義によって構築されたものにすぎないからだ（ルソーがそうである。そして、この障壁が心理学の次元で引き起こす問題は、結局、解決されなかった）。

とはいえ逆に、（たとえばショーペンハウアーのように）何らかの合一に頼ったり、個体化を告発して神秘主義者にならなければならないわけではない。孟子は、自己の感情からではなく、他者を自己の内に有しているという感情から始めている。つまり、孟子は個人を否定しているのではなく（むしろ孟子はよく「我」について語っている）、個人をあらかじめ他者との関係から分離していないのである（万物がわたしの内に「備」わる）。換言すれば、個人は確かに存在するが、それだけを切り離すことはできない。そのため、孟子にとっては、たとえば憐れみの反応において他者を感じることは、問題にならない。仁であることは、存在に備わる個人横断的な次元を推し進めることであるし、不仁であることは、この次元と手を切ることである。存在同士の根底的な相互依存を認めるのに、心理学ではうまく扱えないとわかると、ヨーロッパでは最近、「連帯」を言うようになった。相互依存を価値の平面に投影したのである。ところが、「連帯」は、見てのとおり、『孟子』の基盤にあり、その考察によって明らかにされるのである。

3　道徳と政治

　こうした自他の連帯は、個人の存在の手前に基礎づけられていて、それによってわたしは直ちに、他者を感じられる。それを表すのが、他人を脅かすものに直面した際の憐れみの反応であった。憐れみの反応は、どんなに束の間のものであろうとも、決定的である。他者に突然心を動かされることで、わたしは他なる存在者に関わっていることをあらためて感じ、諸存在の間にあって、わたしたちを根底的に繋ぐ絆、すなわち人間性の共通の根元を思う。この反応は、唐突に割って入り、感動を引き起こし、心を揺さぶり、無関心から脱出させる。逆から言うと、心が存在者の個人横断的な次元を見失ったり、その地平が存在者の個別性のみに狭められたりすると、その心は動脈硬化に陥ってしまう。

　ただ、憐れみの反応それ自体が善いわけではなく、カントが、その特徴を、盲目的で有限であると強調したのは当然であった。しかし、憐れみの反応は糸の「端緒」であって、突然現れ、わたしを存在者の共同性に結びつけ、そこに遡らせるものなのだ。これは徴候であって、わたしに関わりなく出現し、そのために否定できないものであり、人間性の根元を確証させる。道徳とは、経験のうちに顔をのぞかせるこの端緒から始めて、その出発点である諸存在の本来的な依存関係に遡ることにある。道徳とは、この憐れみの反応を拡充することなのだ。憐れみの反応が、「仁」によって心の麻痺を突然解きほぐすと、わたしはそこに「安定」を見いだし、恒久的に「住まう」ことができる（離婁上一〇「仁、人之安宅也」）。

利と仁

次に明らかにすべきは、自他の障壁が、もし始めに置かれていないとすれば、何によって築かれたのかである。通常、人は自他の隔たりしか見ていないため、障壁は自然に備わっていると思いこんでいるが、果たして、この分離は「利害関心」によって引き起こされている。善の反義語は、自分に利益があると思われるものを、他人に構わずに追求すること（すなわち利）なのだ（尽心上二五「利与善」）。

『孟子』はこの対立を射程に含んでいた。孟子が王に語る。道徳性だけを語り合いましょう、利を言うのではなく、仁についてのみ語り合いましょう（梁恵王上一「王何必曰利、亦有仁義而已矣」）。権力に支えられた王には、とりわけ自分のことしか考えない危険があり、他者の運命を左右するその地位にあっては、こうした利己主義は実に物騒である。王の顧問である孟子は、そのために、あえて執拗に進言する（梁恵王下一－七）。王は民から離れてはならず、民と「分かち合う」（与民同楽）べきである。他人に食べさせてもらうのではなく、豊かさを共にするべきである。自分だけの楽しみを追い求めるのではなく、「民の喜びを喜び、民の憂いを憂う」べきである。そうすれば、民の方も、王の幸せと苦しみを分かち合う（楽民之楽者、民亦楽其楽。憂民之憂者、民亦憂其憂）。王が仁でありさえすれば、治は樹立される、と孟子は繰り返す。犠牲に連れて行かれる牛を前にして感じた憐れみの反応を、王が完全に他に及ぼせば、天下は平和になるであろう。

だが、仁の徳があれば、それで政治的な治が保証されるのだろうか。少なくとも一度は、孟子はそのことを疑ったようである（離婁上一、二）。離婁《りろう》のすぐれた視力をもってしても、公輸子《こうゆし》の器用さをもってしても、コンパスや定規を用いなければ、四角や円を作ることはできない。また、師曠《しこう》の素晴らしい耳をもってしても、六管を用いなければ、五音の音階を正しく規定できない。ではいったい、この世に治をもたらすには、それらに類したどんな道具を用いればよいのだろうか。「仁心」だけでは不十分な場合もないのだろうか。「それゆえ、人々は言う。徳だけではうまく治められないし、法だけでもうまく振る舞えない」(故曰、徒善不足以為政、徒法不能以自行)。

だが、孟子はこれ以上先に進むわけではない。政治は道徳に還元されず、固有の法が必要だとわかっていても、ではどんな法が必要なのかを明らかにできないからである。孟子はただ、「先王の道」を錦の御旗のように持ち出すだけだ。孟子の考察は、何らかの政治形態に辿り着かないために、どうしてもぐらつき、そして後退することになる。孟子は続ける。聖人はその視覚的な鋭さを「使い尽く」した上で、コンパスや定規を用いてそれを「延長し」たので、様々な形を描くことができた。こうした道具は用いても「用いきれない」ほどであった(聖人既竭目力焉、継之以規矩準縄。以為方員平直、不可勝用也)。また、聖人はその心の力を使い尽くした上で、「仁」の政治(それ自体が、他人を脅かすものを見るに「忍びない」反応から生じている)によってそれを延長したため、「この時その仁は天下を覆った」(既竭心思焉、継之以不忍人之政、而仁覆天下矣)。ここで孟子は、明らかにアナロジーを維持できていない。孟子は政治の平面に、いかなる道具も対置しなかったからである。そのために、孟子は仁という唯一の感情に立ち戻った。社会的な平面において、コンパスと定規に類比されるものは、結局は、「聖人」の人格以外にはないのである(離婁上二「規矩、方員之至也。聖人、人倫之至也」）。

政治的な道具の不在

荀子（彼は法家の権威主義を出自としている）の誤りは、道徳を道具や公共の規範としてしか考えなかったことにある。その反対に、孟子の誤りは、そしてこれは儒家一般の誤りなのだが、政治的な道具について考えるに至らなかったことにある。そのために、孟子は、王が仁であれば天下は平和であると繰り返すしかなかった。逆に言えば、この両者の対立から、少なくともヨーロッパ的な観点から見て、中国のイデオロギーにおいて整合的でないものについて考えることができる。

ヨーロッパでは、本性のうちに個人と個人の根源的な絆を見いだせなかった。あるいは十分あったのかもしれないし、それは失われていなかったのかもしれない。ともかくそのために、ヨーロッパは道徳を私的な習慣に限定し、その代わりとして、制度や法といった次元で、契約に基づく公的秩序を構築し、政治的な道具を構想しなければならなかった。ところが、中国人は仁の徳に基づき、この徳さえあれば人間の連帯は保証されると信じたため、政治体制を真剣には考えなかったのである。儒家においては、「礼」は、道徳が社会的な形を取ったものにほかならないし、法家の伝統では、「法」は賞罰を定めるものであって、支配者が手にする抑圧の道具でしかない。この両者の間に何も無いのである。中国には、厳密な意味での法や制度が無い。あるのはただ、権力の歯車（国家装置）だけである。そしてこの空白は、今日でもなお見て取れるのである。

第9章　天下を憂う

1　聖人の憂い

太古の昔に遡り、世界の始まりに思いを馳せる時でも、孟子は、純粋に人間的な地平に身を置いている。一人の人間（聖人）が現れ、仁によって行ないを律した。そして、その行ないを実地に発揮し、人々の運命に心を砕いたのである。遠い昔には、水が大地を覆っていたが、この洪水は神の徴《しるし》ではなく、何も象徴してはいない。そもそも孟子は、物事の起源や結末＝目的を問わない。時代は、最初の王たちとともに始まるのであり（「堯之時」滕文公上四、滕文公下九）、時代の進展が文明の進展である。「堯《ぎょう》の時代には、天下はまだ平らかではなかった。水が四方八方に流れ、天下を呑み込んでいた。草木は生い茂り、禽獣は繁殖し、五穀は育たず、人間は禽獣により進捗を妨げられていた……」。ところが、「堯だけは、これを憂えていたのである」（堯独憂之）。そこで、堯は舜《しゅん》を大臣にして、対策を講じて治めさせた。舜は、益《えき》に命じて山沢に火をつけ、禽獣を追い立てさせた。禹《う》は河床を浚《さら》い、水が流れるようにした。こうして農業が広がり、人々は衣食住を手にしたのである。

しかし、「教えが無ければ、人は禽獣に近い」。物質的な欲求だけが唯一の欲求ではないのだ。そこで再び、「聖人はこれを憂えた」。そして、「司徒」（教育を司どる大臣）を任命して、人々に相互の義務（「人倫」）を教えさせ、こうしてついに、治が出現したのである。

舜の憂い

聖人を特徴づけるのは、この世界（「天の下」なるこの世界）に対して持つ、「憂い」である。その憂いは、物質的な憂いであり、かつ道徳的な憂いである。聖人は周囲の現実を無視して、それを超越しようとするのではなく、現実の諸困難を断固引き受け、それに立ち向かう。この世界だけが唯一の現実であるからこそ、それを何とか整えようとするのである。これは、大臣を間に置いて行なわれた。そして、ここに中国の官僚制が始まる。

また、聖人を導く憂いは、単なる一時的な成功に心を砕くものではなく、内なる要求を示している。その証拠に、孟子は、次の王である舜についてこう語った（万章上一）。とうとう舜は、人が望みうるすべてのものを手に入れた。人に認められたいという欲望であれば、天下の士がこぞって彼のもとに赴くほど、彼は高く評価されていた。好色の欲望はというと、彼は帝の二人の娘を嫁にもらっていた。富への欲望はというと、彼は天下全体を所有している。最後に、名誉欲はというと、帝は彼を後継者として選んでいる。ところが、彼には父母の愛が欠けていた。そこに彼の「憂い」があり、この憂いを解くものは何もない。ただし、たとえ彼の憂いが解かれないにしても、それで彼が意気消沈するわけではない。欲望の充足は無駄なことではないし、欲望の追求は空しいことではない。

舜は、欲望を抱くことが間違いだと感じているのでも、欲望によって結びつけられる世界を疑うべきだと言うのでもない。彼が苦しんでいる欠落感は、形而上学的なものではなく、道徳的なものである。彼は義務を完全に果たせなかったことに拘泥している。彼の孝心をもってしても、父母に愛されはしなかった。彼が「憂」えたままだということは、ただただ、自分の行ないに仁の徳を十分発揮できなかったということなのである。

この憂いは、「自らに反《かえ》る」時、心の中にのみ現れる。人からひどい扱いをされても、「君子は自らに反り、自分に仁が欠けていたからに違いない」と考える（離婁下二八「其待我以横逆、則君子必自反也。我必不仁也」）。それでもなおひどく扱われても、君子はさらに自らを反省し、自分が仁の感情に加えて、「忠」（全き真摯さ）を有しているかを検証しなければならない。憂いが内面的であることを明らかに示そうとして、孟子は、それを「患《わずらい》」に対置していく。「患」は、世界の方からもたらされ、それ自体は外部の幸福にしか関わらない[26]。したがって「君子は終身憂うるが、一朝の患いは無い」（君子有終身之憂、無一朝之患也）。君子は内なる憂いしか知らないが、この憂いには際限がない。君子は自らを、天下の「手本」（法）である過去の大聖（またしても先王舜である）と引き比べて、大聖を模倣しきるまで満足しないからである。

2　この世を肯定する憂い

道徳を特徴づけている、この憂うる心は、『孟子』だけのものではない。現代の中国の思想家たち（徐復観、牟宗三[27]）は、その登場を、中国思想の黎明期にまで遡らせた。彼らは、憂うる心によって中国思想が最初の飛躍を遂げ、その独自性が生じたとまで考えている。というのも、偉大な宗教伝統を背負った、その他の心のあり方と比べても、この憂心は根底的に異彩を放っているからだ。ユダヤ＝キリスト教的な伝統の源泉には、神に見放された孤独がある。この時、人は地上に追放されたように感じ、地上に生きる意味を見いだせない。しかし、この感情に沈みながら、人は大文字の他者（神）である超越者に自らを開き、無限の愛を見いだす。そのため、ユダヤ＝キリスト教的な道徳心は、根本的に、欠落感と過ちの意識（原罪）に結びつけられる。

他方で、仏教の伝統は、何よりもまず、万物につきまとう無常と、執着から生じる苦に敏感であった。仏教の道徳心は、因果応報の終わりなき連鎖（カルマ「業」）の重圧のもとにある。キリスト教の「不安な」心が、自らの虚無から逃れるために、救済の希望に逃げ込むのに対して、仏教の「苦しむ」心は、この世の幻であれ、自我の幻であれ、幻を断ち切るために、涅槃に解脱しようとする。

憂うる心の展開

しかし、牟宗三が述べるには、罪の経験であれ、業苦の経験であれ、どちらにしても、存在に対して「否定的」な評価を下すことから始めている。だがそれとは反対に、儒教では、心を形づくる憂いは、弱さと無縁であり、むしろそれだけが「肯定的」にこの世界に立ち向かうことを可能にする。救世主である神に向き直るにしても、自己からの解脱を希求するにしても、いずれの宗教伝統も、人々にこの世に対する疑念を抱かせる。しかし、儒教には、この世の外に世界はなく、この世を憂うるのは全くもって正当なことなのだ。しかも、この憂いは、単に正当であるだけでなく、それによって人は向上し、「仁」を展開できる。それがあるから、道徳的な自我を作り上げられるのだ。儒教は、仁という唯一の根元をもとにして、苦しみや不安ではなく憂うる心に価値を置いたことで、よく知られた選択肢の中では、最もうまく道徳を基礎づけたと言えよう。諸宗教が道徳を切り離すしかなかったのに対して、儒教は道徳から始めたのである。儒教は道徳の要請からのみ生じ、その展開だけを目指したのだ。

歴史的に見れば、この独自性の由来がよくわかる。伝統的に儒教と呼ばれてきたものの特徴は、それが真の意味での宗教ではないことにある。たとえ儒教が、その他の主要な思想の伝統と同様に、宗教的な根元から生じたにせよ、儒教はそれを深めようとはしなかった。事実、孔子よりはるか以前に、ある転回が起こっていた。それによって、中国では、原初的な崇拝が内面的な啓示に向かわず、儀礼として形式化されたのである。祈りよりも、占いの実践が優先し、この世を王者のごとく支配する人格神（天帝）を崇め畏れるという崇拝から、天道に象徴される世界の道理を「敬《うやうや》しく（敬徳）」把捉することに移行していった。

新王朝の登場（紀元前十一世紀の周王朝）はこの変遷を助長し、支配者の成功は、その人の徳によるのだと考えられるようになった。天から命が授けられるのは、その人がそれに値する場合のみである。放蕩にふける王は必ず失墜する。したがって、王は「明徳」（『尚書』召誥）でなければならない。それは単に、自分の行ないに細心の注意を払い、少しも齟齬がないようにするというだけでなく、恭しく慎重に状況に取り組むということだ。事物の秩序を軽率に狂わせることなく、その理に従い、その変遷をひそかに、しかしその分だけ効果的に、助長するのである。王は、その任務から

「天と地」の働きに参じるために、常に憂うるようになる。君主（とりわけ、周の創設者である文王）は、この世に対する憂いを拡充することで、天の理と合一し、人間世界の絶対的なモデルとなるのだ。

3 この世に対する責任と神に対する責任

このように儒教と西洋の宗教の伝統を比べると、二つの責任の取り方を考えることができる。世界に対する憂いから出てくる責任と、罪の感情に由来する責任である。前者は、孟子が評価したもので、文明の創設者たちが示したものだ。禹は、洪水を治め、河川を浚渫《しゅんせつ》したが、そのために八年も家に帰らなかった。その間に三度、自宅の門の前を通りかかったが、中に入る暇もなかった。というのも、「禹は天下に溺死者がいたとすれば、その人が溺死したのは自分のせいだと思うからである」（離婁下二九「禹思天下有溺者由己溺之也」）。孟子は同じことを、古の別の大臣（伊尹）についても述べている（万章上七）。天下の匹夫匹婦であっても、政治の恩沢を被っていない人がいれば、伊尹はまるで「自分の手で溝に突き落とした」かのように思った。「彼が天下に対して感じていた責任の重さはこれほどである」（「思天下之民、匹夫匹婦、有不被堯舜之沢者、若己推而内之溝中、其自任以天下之重如此」。万章下一も参照)。孟子が説いた責任は、任務の責任である。しかも、それは決して果たしきれるものではない。孟子が「自らに反《かえ》り」、自分の行ないを吟味することが必要だと述べるのは、わたしたちが負っている他人への責務をまだ十分に果たしていないことに気づかせ、自分の不十分さを意識して向上させるためである。ここでは、罪を疑う必要などない。

カント的な責任

ところが、アダムの物語では、責任は罪の感情と切り離せない。この物語は、たとえ神話の価値を有しているとしても、それは常に西洋のものであった。カントはそれを、責任の純粋な始まりを知ることはできないことを明らかにするのに用いた。というのも、カント的な責任は、次のことを前提にして立てられているからである。人間が過ちを犯す際に、その過ちには先行原因という意味での起源はないこと、また、人間は、聖書ではエデンの園として形象化される無垢の状態から、直接に出来してくることである。

カント的な責任は、過ちを犯すに至った理由が何であれ、人間はそれとは違う行動ができたであろうことが前提されている。この前提抜きでは、過ちをその人の責に帰することはできない。わたしの責任が考えられるのは、わたしが罪責感を感じうる場合だけである。このとき、人間は、理性の法を自分に固有の法として立てる自律した主体であると同時に、その法に違反した時には、悪の責任を取る者と見なされる。したがって、わたしの責任が考えられるのは、次元の食い違いからのみであって、そこでは自然な因果律とは別の因果律が引き合いに出される。そして、責任は、自由を「要請」しながら、形而上学と再び結びつくことを要求するのである。

世界に対する憂いにのみ基づき、責任を任務と考えることで、中国思想はいったい、いかなる厄介さをすり抜けたのか。あるいは免れたのか。カントに不可欠であった罪責感という問いが、中国を通過すると、たちどころに解消する。それと同時に、それがどれだけイデオロギー的で概念的な文脈に依存しているのかがよくわかる。さらに、ニーチェが述べたことを、中国という外部に沿って、語り直すこともできるだろう。すなわち、カントは合理主義者の衣装を纏ってはいるが、原罪というキリスト教のドグマを伝え続けているために、「禁欲の理想」の近代的な代理人を出られないのだ。この点についてニーチェは、禁欲の理想のせいで、僧侶たちが陰険な心を持ち、わたしたちに世界を嫌悪させるようになったと述べている。西洋の罪責感は、苦しみと過ちを、罰を通じて結び合わせるという、結合の仕方からして、不可思議なものである。また、その責任は、自由意志という幻想と結びついているために、常に虚妄である。それはあたかも、強者が思いのままに自分の力を示したり、中断したりするようなものだ。

今日でもまた、牟宗三のような中国の哲学者たちは、ニーチェを参照せず、儒教の伝統にのみ基づいて、次のような批判を展開した。キリスト教は、人間を依存関係にとどめ置いたために、人間固有の存在を十分に「肯定」し、「本性」を完全に自得し、「本来の主体性」に接近できなかったのではないか。キリスト教は、人間を神に対して受動的にしたために、世界に対する責任の感情を減免したのではないか。

主体性と良心の呵責

しかしながら、そう言う中国の哲学者たちは、自分たちが述べている言説が、どれだけキリスト教の概念に負っているのかを測定していないように見える。彼らは、とりわけキリスト教に対して、中国の伝統が独自であることを、近代的な用語（すなわち西洋的な用語）によって表現し直そうとする（彼らが孟子について「主体性」を語る時は、そうではないだろうか。わたしはここでは、杜維明もその対象に入れている)。しかし、それはまるで、キリスト教に由来する人間学が、キリスト教のドグマを離れることができ、道具として中立的であると自らを示すかのようである。彼らは今日キリスト教から借りているのに、あたかもキリスト教的な経験を考慮していなかったかのようにふるまっているのだ。ところが、道徳的な主体性の可能性の諸条件が明らかにされたのは、自由な選択を自分に与え、自らを罪人だと思いながら、無罪を夢想することによってこそである。そうしてはじめて、心の諸矛盾や、動機の曖昧さ、内観の真摯さが発見されたし、同時にまた、良心の呵責の力と自白の持つ解放的な力が見いだされたのである。

ここで思い起こされるのは、ルソーが語るリボンを盗んだ場面である(『告白』第二巻末)。ルソーは、マリオンがリボンを盗んだと責めたのだが、それは彼女がルソーの心を占めていたからである。人々を前にした差し迫った状況では、プレゼントが反対のものに転じた。だが、「悪意」が愛を裏切ったにせよ、ルソーが述べるように、それは本当の悪意とはほど遠い。「わたしは、彼女がわたしに(盗んだ)リボンをくれたのだと……彼女に罪をきせたが、それはわたしが、彼女にリボンをやりたいと考えていたからなのだ」。それ以後、ルソーは、罪を犯した後に無罪であることを求め続けて、一つの生の運命というよりも、一つの魂の生を永遠に危険に晒してしまったのではないかという、良心の呵責に苛まれる。彼はその呵責に苛まれる夜のうちに責任の意識を深めていったのである。

ニーチェが述べたように、キリスト教は、罪の感覚を育むことで、道徳心を洗練し、「精妙」にしたが、それだけでなく、道徳心が神への欲望に基づいていることも明らかにした。「神」を希求することで、わたしたちは他者と、内面から、そして無限に出会うことができるのだ。ルソーの一節は、たびたび言われてきたように、その「心理学的」な分析の「繊細さ」や、自己弁護の技術によって注目に値するだけではない。わたしはそこに、世界の「回復」の物語や、洪水対策に払われた努力以上に大きい、責任の感情を認めるのである。中国の文献を見渡してみても、これほど深い「仁」に達したものを、わたしは知らない。

IV 意志と自由

第10章　妄想的な意志？

1　意志は自明のものか？

キリスト教に由来する人間学の中心にあるものは、意志である。ルソーとカントは、人間を意志から考えることに長けていた。意志は、『エミール』の中に、最初の区分を持ち込んだ。そこからすべてが連鎖し、その結果が、次のような世界一般に対する理解であった。そもそも物体には二種類の運動がある。一つは「伝達された」運動であり、もう一つは「自発的もしくは意志的な」運動である。しかし、真の行為の起源にあるのは、後者の運動だけである。「わたしは行動しようとして行動する。わたしが自分の身体を動かそうとするからわたしの身体が動く」（『エミール』中、一五七－一五九頁）。この経験は、認めないわけにはいかない。

同じく、カントにおいても、意志は、道徳を考える上で、まず最初に挙げられる言葉である。ここでも、冒頭に置かれた次の定式は、できるだけ普遍的な真理を言い当てようとしている。「この世界においても、そしてこの世界の彼方においてさえも一般に、無制限に善と捉えられうるものは、唯一、善い意志のみであり、それ以外には考えられない」（『人倫の形而上学の基礎づけ』第一章冒頭）。つまり、意志を善いものにするのは、「その遂行や達成ではな」く、所期の目的を達成するその能力でもなく、「ただ意志すること」そのものである。すなわち、「それ自体の」、「純粋な」状態にある、唯一絶対的な意志である。

中国における意志の欠如

この意志という概念は、どうしても重要であったため、今では中国思想もそれを自分の物としている。しかし、中国の伝統の中には、意志という概念に確実に相当するものは無い。何よりも、中国では、心理学的な次元で、「諸能力」の分析を発展させたことがなかった。西洋でなされるような、「意図的に」行なうこと（*ekôn*）と、「意に反して」行なうことの区別が明確にされたことはないのだ。この区別は、ギリシアにおいて、演劇や、司法や政治の活動（これは次の問いに帰する。行なった行為に対して、わたしはどの程度責任があるのか）についての考察から、アリストテレスが発展させたものである。その上に立って、アリストテレスは、単なる願いと、「選好によって」為した行為（*proairesis*）を区別した。後者は、熟慮を含み、決断にまで行きついたものである[28]。

ここからさらに、西洋と中国の次の違いにまで遡ることもできる。中国では、論理学でも自然学でも、原因性という観念をほとんど理論化しなかった。これに応じて、合目的性という観念も理論化されなかった。ところが、西洋では、原因性という観念から、選択し決断する能力が理解され、常にそこから意志が定義されてきた。ルソーは、「第一原因としての何らかの意志に遡る」ことがたえず必要であって、わたしはこの意志を「動因」として理解していると述べた（『エミール』中、一五九頁）。カントは、理性的存在者の意志は、「諸法則の表象によって原因性を規定する能力」（『実践理性批判』一六七頁）であると述べた。この意志は、「理性の原因性」であり、自然な原因性とは別の次元の様態である。

先ほど、中国思想は罪の経験に出会わなかったと述べた。ところが、キリスト教化された西洋において、意志の心理学が深められてきたのは、罪に関する省察に基づいてであった。当初、意志は無限なものとして理解されていた。意志 *voluntas* が恐るべき大きさを取って現れるのは、人間の中に、否と言い、神に背き、離反する力を見いだすからである。アウグスティヌスは、人間が持つ悪をなし、罪を犯すことができる *posse peccare* という可能性について考慮し、否といい、神に背くような欠如態 *modus defectivus* から意志を自覚するに至った。

しかし、最終的に意志という観念を揺るぎないものにしたのは、人間の心理学を、神の心理学によって裏打ちし、それを人間の心理学のモデルにすることによってであった。ここから人間の有限性が考えられていった。ルソーは、「神は欲すれば行なうことができ、その意志は力となる」と述べる（『エミール』中、一八〇頁）。カントは、神の意志は純粋な意志であるだけでなく、聖なる意志であるとする（『人倫の形而上学の基礎づけ』四三頁）。ところが、見てきたように、中国思想はかなり早くから人格神への関心から離れてしまい、原初的な宇宙論を神学へと発展させなかった。

意志は自明なものか

これは、わたしたち西洋人がひけらかす意志の自明性を疑わせるのに十分であろう。しかも、事態を仔細に考察してみるとよくわかるのだが、意志以外の別の出発点を全く持ち合わせていない以上、西洋の哲学者たちは、意志の「本性」が理解を超えていることに気づいていた。自分の身体を動かそうとして、わたしの身体が動くとしても、どうして「そうなる」のか、すなわち、どのようにして意志が「物理的作用を産み出す」ことができるのかは、理解できないのである。ルソーは、これを否定できない経験だとしたが、それと同時に、意志の中に「神秘」を見いだしている（『エミール』中、一五九頁）。この自明性は謎なのである。同じく、カントも、意志が誇る自由を説明できない。なぜなら、理性的存在者の意志は、自然法則による規定に依存していないからだ。カントが認めるように、ある「疑念」が首をもたげる。「意志の絶対的な価値」という観念は、「超越的な妄想」にすぎないのではないか（『人倫の形而上学の基礎づけ』一四－一五頁）。それは、決して道徳の純粋な「宝石」などではないのだ。

周知のとおり、意志という概念は、ある文化の歴史が産み出したものであり、その歴史とはつまるところ、ギリシアやキリスト教を経た特定の歴史にすぎない。しかし、人々が次のことを想像しようとしたとは思えない。つまり、この歴史に属さなかった場合、いかにして意志無しにすませられるのか。また、こうして意志という概念を徐々に浮かび上がらせ、際立たせることが、西洋思想のそれ以外の部分にどのように跳ね返るのか。カントにせよ、ルソーにせよ、この歴史が見事な成功を収めたため、人々は歴史があることを忘れたのである。だから意志は結局、最初から必要であって、それが第一原理であり、それ以外の部分はこれに続くとされてしまった。わたしたちは、それに伴うものを推し測ることに終始してしまうのである。

2　意志することと為すこと

再びニーチェであるが、彼は、わたしたちが中国を経ることで外部から見いだしたものを、西洋の内部から気づかせてくれた。ニーチェは、カントがふと口にした「疑念」にこだわったのである。ニーチェは、頂点にある意志の概念を持ち出したが（力への意志）、その時、問題になっているのは、単純なものではなく、「複雑な」もの、すなわち「言葉としてのみ単純なもの」だということがわかっていた（『善悪の彼岸』一九節）。正確に言えば、「意志」のように複雑なものを、単純だと思わせるのは、言語の中で、それを述べる名をたった一つしか用いていないからである。哲学者たちが「あらためて」なしたことといえば、言語の先入見を利用して、それを「極限まで推し進める」ことにすぎなかった。

もう一つ、あらためてニーチェについて考慮すべきは、畜群や超人を強調するイデオロギー的な偏向ではなく、文献学者としての才能である。彼は、言語が、その意味論的で文法的な諸偏見からわたしたちに思考させていること、そして哲学の「遺伝的な」枠組を構成していることに初めて注意を払った。「言うならば、言語によって開かれた可能性からなる、概念的な生態系があるのだ。それは、自然の生態系、それぞれの大陸に棲息する『動物相』の生態系のようなものである」(『善悪の彼岸』二〇節)。ここでの意志の場合、「遺伝」はインド＝ヨーロッパ語族に共通する語根に由来している。独特で特殊な意味素である「*vouloir* 意志する」を利用しているのだ(ギリシア語では「*boulesthai*」、ラテン語では「*velle*」、ドイツ語では「*wollen*」、等々)。

選好も熟慮もない「志」

ところが、まさにこの *vouloir* の意味論が、中国には見いだせない。孟子が語るのは、「まさに……しようとする」、「同意する」、「欲する」といった語である。聖智を考えるための微細な区別には、「巧みさ」と、投入される「力」があるし(万章下一「智譬則巧也。聖譬則力也」)、決断を下す時に賞賛される徳は、「勇」である(公孫丑上二「吾嘗聞大勇於夫子矣」)。ある言葉(志)が、不適切にも「意志」と訳されたことがあったが(レッグ)、その意味論的な範囲はまったく規定されていない。この語は、『孟子』においてはほぼ、下された決断、守りぬく決意、という意味である。だが、それはまた道徳的に志す何かをも意味しており（尽心下一五「立志」）、願望の対象でもある（人は「志」を「得」たり「得」なかったりする。尽心上九）。その上、単なる意図でもあるし（その反対が、実際上の実現（功）である。滕文公下四「且子食志乎、食功乎」）、さらには内なる感情の意味も含んでいる。たとえば、供物をそなえる時、献上の礼に働かせる感情も志である（告子下五「惟不役志于享」）。そして、身体を養うように、志は「養」われる（離婁上一九）。

この語を孟子がはっきり説明したのは一度だけで、体を満たしている気に「命令」するものという意味であった（公孫丑上二「夫志、気之帥也」）。クヴルールの訳では、「精神は感性に命令するものである」（三六三頁）。そして、志と気の二つの機能は、階層関係によって定義され、志を「堅持」し、気が「暴力的にならない」ようにすると述べられる（夫志至焉、気次焉、故曰、持其志、無暴其気）。主導的な審級にある志が「一になる」（集中する）と、「生き生きした気を動かし」、気が集中すると、今度は気が志を動かす。つまり、人が「つまずいたり、駆け出したりする」時などは、気が主導的な機能であるものを「反対に動かす」のだ（志壱則動気、気壱則動志也。今夫蹶者趨者是気也。而反動其心）。最後に、孟子はこの志を、「心」と同一視している。孟子の分析には、アリストテレスが明らかにする手続きが全く働いていない。つまり、選好による選択もないし、熟慮も、そして決定もないのである。

さて、ニーチェに戻ろう。彼はこう述べている（『善悪の彼岸』一九節）。意志というこの「複雑なもの」の中で、最も正確に同定できるものは階層関係である。「問題なのは命令と服従だけである」。しかし、それ自体としては優れて単純なこの関係が、「複雑な集合的構造の内部」（これが、わたしたちの身体と「複数の魂」の構造である）で働いている。この階層関係の上に、「意志」を統括的概念として組織したのが、ニーチェの言う、自我という総合概念である。実際にも、それは西洋哲学の先入見と見事に合致している。自我は、二つの機能——命令と服従——を、自我＝主体という一つのものに吸収したのであり、ここから西洋人は「意志を勘違いし」て、意志を働かせるのは意志そのものだと考えたのである。こうして、人のあらゆるレベルで作用する多様なプロセスが、自己意識という唯一の手続きに還元される。それ以来、「わたしは考える」と言うように、「わたしは意志する」と言っている（このとき、インド＝ヨーロッパ語族の言語がとりわけ重要視する主体という機能が、十全に働かされる）。そして「思考」と同じように、「意志」にも無媒介的な確実さがあるとみなされた。ルソーはこう言っている。「どんなふうにして意志が、物理的、身体的な行動を産み出すのか。それは全くわからないが、意志がそれを産み出すことを、わたしは自分の中に実感する。わたしは行動しようとして行動する」(『エミール』中、一五九頁)。

この見方の先に、「自由意志」がある。わたしがこれを欲するかどうかは自由なのだ。しかし、これは、能動的主体として意志する「わたし」、「原因」である「わたし」を先に措定して、問題になっている行ないを解釈することではないのか。そしてそのため、様々なプロセスの現実から離れることではないのか。ところが、孟子の考察では、少なくとも次のことが明らかである。階層関係だけが機能していて、自我＝主体が経験を総合したり、その推移を覆い隠したりはしていない。思うに、中国思想の主要な関心はプロセスにあり、孟子は最もそれに寄り添っている。

「できる」と「為す」

ただし、『孟子』に欠けているのは、意志という概念だけではない。より根本的に、意志するという範疇が欠けている。これは、『孟子』において、予想される二項対立が体系的に欠けていることによって証明される。すなわち、孟子は、「できる」に対して「意志する」とは言わず、「できる（能）」に対して「為す（為）」と言う。

王が尋ねる。あなたのおかげで、自分の中に仁の資質を発見したが、わたしはそれを広げられるだろうか。孟子は答えた。広げないのは、為さないからであって、できないからではありません（梁恵王上七「故王之不王、不為也。非不能也」）。そして、この区別を「形」の上で、はっきり立てようとして、孟子はこう続ける。山を両腕で抱えて北海を渡るよう命じられたら、それはできないと言うのは正当である。しかし、小枝を折り取り、敬うべき年長者に与えるよう命じられて、「できない」と言うのは正しくない。それは単に「しない」のだ。この「できる」と「為す」の対立が、『孟子』の隅から隅まで、行ないに関わるすべての意味領域を構成している。孟子が考慮する唯一の基準は、能力があるかどうかよりも、実際に行使されているかどうかだからだ。

孟子は述べる。誰もが完璧な聖人（堯や舜）になることができる。それには、聖人のように行なうほかないし、「それだけのこと」である（告子下二）。怪力の持ち主の荷物を持ち上げれば、あなたが第二の怪力の持ち主となるだろう。普通の人たちが「そんなことはできないと愚痴をこぼ」しても、それは単に「彼らがそうしない」だけのことだ（夫人豈以不勝為患哉。弗為耳）。「聖人の服を着、聖人と同じ言葉を口にし、聖人と同じ行ないを実践すれば」、今度はあなたが聖人である（子服堯之服、誦堯之言、行堯之行、是堯而已矣）。

3　善をもたらす条件

意志するという範疇を孟子が用いずにすむのは、根元たる仁が内で広がってから、次いで外に向かうというように、道徳性を、潜勢力と実現という用語で理解しているからだ。つまり、選択と行為といった用語では道徳性を理解していない。中国では、種に始まる植物の発育過程がモデルとされているのだ――これには後で立ち戻ろう。ところが、ギリシアでは、「行為する者として」人間を表象する伝統があり、それは叙事詩や演劇からもたらされた（聖書もその大部分が、行為する者の物語である）。しかし、これらのジャンルは、中国では知られていなかった。

すでに知られているように、ここから導かれる最初の結論は、孟子は、意志するという範疇を経ていないために、少なくとも真正面からは、悪の問題に対しておらず、カントと異なって、孟子には「根源」悪が存在しない（存在しえない）ということだ。孟子にとって唯一の選択肢は、自分たちの内にある傾向（すぐれて積極的な傾向であり、本性の傾向である）が拡充するのを助けるのか、それともそれを失わせるのかであった。これは、ひとりで熟考して決断すべきことではない。ヘラクレスが道の分岐で逡巡したり、アダムとイヴがエデンの園で誘惑の試練を受けたように、悪徳か美徳か、神か悪魔か、善か悪かいずれかを決断することは中国では行なわれない。

選択肢の不成立

道の分岐は、抽象化され切り出されることで、そこから決定的な選択という限界的で英雄的な状況が作りだされるものだが、これは中国的な表象にはない。また、無の可能性に開かれた深淵を前にして、無限に直面するような誘惑の試練もない。これらは悲劇的であり、かつ神話的なテーマである（これが悲劇の本質であって――中国は悲劇を知らない――、人はそれを神話的にしか表象できない。カントでさえもそうである）。したがって、孟子が立てた道徳の選択肢は、修辞的には対句法であっても、実際には、選択肢のうちには入らない。それは、あらかじめ一方に傾いている。孟子にとって、悪は、彼がしばしば述べるように、単に「不善」であって、理論的な内実を持たない(*)。

（＊）この不善は、「誰も故意には悪くない」と述べる（ギリシアの）哲学的な主知主義のような誤りではないし、まして（罪責を感じる宗教意識――特にユダヤ＝キリスト教的な――にあるような）罪でもない。一般的に中国人は、過ちを乱調としてしか考えない。それを形而上学的な問題にしないよう用心しているのである。

結局、中国思想は、西洋思想が見いだした底知れぬもの（カントなら「われわれには底知れぬもの」〔*des für uns Unergründlichen*〕と言うだろう）を、明らかにしなかったと言ってもよいだろう。中国思想は、絶望するほどの眩暈《めまい》をおこすことはない。(*)だが、それはその一貫性によって、わたしたちを捉える。プロセスに注意を払うことで、心の傾向という現象が、道徳性に関して、どのようにして抑制されたり助長されたりするのかを、明らかにしようとしているのだ。つまり、悪を意志するのは可能かどうかという、魅惑的だが解決できない問題を立てるのではなく、中国思想は、どんな条件の下でなら、どのような効果が出るかを綿密に分析して見せるのである。

（＊）謎、眩暈、魅惑の不在。思うに、それらは儀礼主義的で儒家的な基盤をはみ出しているのであろう。中国思想は、わたしたちの未知のものへの欲望に語りかけてはこない。より単純に言うなら、それはわたしたちの欲望に語りかけない――このことは、中国の文章に至るまでそうである。ギリシアの文章は、その複雑な働きや仮説の力、そしてたえず試みられる体系の厳密さに至るまで、気持ちを駆り立てるし、その実践的な特徴によって、大いなる喜びが得られる。ところが、孟子の文章は、意味が氾濫して手がつけられないことにはならず、しかるべき場所に収まっていて、それ自体が調整されている。したがって、それは思考の祝祭ではない。

この点で、それは哲学的なある種の期待を裏切る。そして同時に、哲学的な探究が常軌を逸したものであることを明らかにする。

欲望を減らせ

この条件設定は、個人的な観点と集団的な観点から考えられた。個人的な観点に関しては、孟子の立場は明らかにルソーの立場と合致している。ルソーも道徳性を天与の善性に基礎づけており、カントと違って、根源悪を信じようとしていないからである（とはいえ、ルソーがキリスト教的な罪の意識を刻印されたままである以上、これは単なる合致ではある）。孟子が欲望を減らすことを推奨するのは、欲望それ自体が悪いからではなく、欲望が個人の道徳的な発展を妨げる可能性があるからである。次の表現は、この点から仔細に読まれるべきである。「心を養うには欲望を減らすのが最もよい。欲望をわずかしか持たない人が道徳心を存続させないというのは、滅多にないことだし、逆に、欲望を多く持つ人が道徳心を存続させるというのも、やはり滅多にないことだ」（尽心下三五「養心莫善於寡欲。其為人也寡欲、雖有不存焉者、寡矣。其為人也多欲、雖有存焉者、寡矣」）。欲望と道徳的な心は、原理的には両立しうるし、さらには、この定式も命法的ではない。たとえばカントの、感覚的な衝動は原理的に法に反するという主張とは異なるし、また、仏教とも異なる（ただし、後の儒教は、仏教の影響を受けて、より厳格主義的になっていく）。しかし、実際には、欲望と道徳心の両立には難しいものがある。そこで、次のことを認めることで満足するのだ。一方が他方を妨げはしないが、一方の開花と他方の拡充とがうまく折り合うことは「滅多にない」ため、欲望を減らすことが望ましい。

社会的な面では、孟子の勧告は真っ先に王に向けられた。孟子は言う。王が、道徳性を自分の国に施そうと欲するなら、まず民に物質的な財を十分保証することから始めなさい。このために取るべき方策の詳細にまで、孟子は言及した。税を軽くする、季節ごとの仕事をおもんぱかる、資源を節約する、必要に応じた配分を心掛ける、など（梁恵王上三、七）。民は、自分の生が常に脅かされていると感じなくなった時だけ、互いの義務に注意を払うことができるし、自分の生計を四六時中心配しないでもすむようになった時だけ、徳を養う「ゆとり」が持てる。したがって、まず民の生存を保証した後で――これが反《かえ》るべき「基盤」である（反其本）――、はじめて学校を開設するべきである（謹庠序之教）。

ところが、今日、わたしたちは正反対の生を送っている。悪い経済条件は、窮乏と不安の状況を生みだし、連帯の絆を断ち切り、人々を互いに「離散」させ、社会を破壊させる（梁恵王上五）。孟子は共産主義の楽園でも夢みているのだろうか。孟子は次のような例を挙げている。夕暮時にあなたが誰かの家の門を叩いて、水と火を頼んでも、誰もそれを断りはしないだろう。それらが十分豊富にあるからだ。もし水や火のように食糧が豊富であれば、人々がなお「不仁」である余地があるだろうか（尽心上二三）。

4　悪を克服できるのか？

条件設定が大事だと主張することによって、孟子は、効力に関する最も一般的な中国思想に踏みこんでいく。つまり、求める効果を直接的に手に入れようとするのではなく、その効果が単なる帰結として、準備された諸条件から、おのずと生じるようにするべきだというのだ。民を道徳的にしようとして、強制的に既定の理想に合致させようとすべきではない。強圧的な政治はすべて無駄骨に終わる。それは、せいぜい民を刑罰の「網」に捕らえるだけだ（滕文公上三「罔民」）。そうではなく、社会的＝経済的な諸条件を充足させることで、道徳性が自然に生じるようにするべきなのだ。だからといって、孟子は、社会的＝経済的諸条件が道徳を決定すると考えているわけではない（徐復観のような現代中国の思想家は、マルクス主義に対する反発から、この点に着目した）[29]。それらは道徳にとって望ましい要件であるにせよ、絶対的な必要条件ではないからだ。その証拠に、「士」が挙げられる。なるほど、民は、十分に「恒久的な」生活条件が無ければ、「恒久的な」道徳性を持ちえないが、士人（ここでは道徳性を有した人間として理解される）は、どれほど困窮していても「恒心」を保つことができる（梁恵王上七「無恒産而有恒心者、惟士為能」）。また、経済的に望ましい要件は十分条件でもない。さらに第二の条件設定が必要なのだ。それは道徳的であるように、教育がなされるということである（滕文公上四「人之有道也、飽食煖衣逸居而無教、則近於禽獣」）。

植物の発育というモデル

こうした道徳性の条件設定についての考察にはすべて、あるモデルが潜んでいる。それは、植物の発育のモデルである。それがモデルになるのは、植物の発育に対する経験が一般化できるからだ。草木を引っ張って、無理に発育させることはできないし、根もとの雑草を取らないで、放置しておくこともできない。前者の誤りは、望んだ効果を直接手に入れようとすることにあり、後者の誤りは、条件設定の効果が間接的であることを見落としていることにある（公孫丑上二「以為無益而舎之者、不耘苗者也。助之長者、揠苗者也」）。道徳性が向上するためには、草木のまわりの雑草を取るように、わたしたちが道徳に「事《つか》える」と同時に、草木を上に引っ張らないのと同様に、プロセスがおのずと進行するための時間をとる必要がある（必有事焉、而勿正）。

ただし、条件設定の重要さは、遭遇するケースの違いによって異なる。孟子が指摘するには、豊作の年には、多くの若者が善い行ないをするが、不作の年には、多くが粗暴になる。これは彼らの生まれつきが異なっているからではなく、周囲の環境がよくないと、彼らの心を「溺れ」させてしまうからだ。これは大麦や小麦の種と同様であって、同じ土地に、同じ時に種を蒔いても、発育はそれぞれ違う。それは、土壌が肥えているかどうかにもよるし、種が同じだけの雨露や手入れを受けなかったからでもある（告子上七）。孟子は、この教訓をみずからにも当てはめ、なぜ自分が王を思慮深くできないのかを、こう自己弁護した。「天下にどれほど生じやすい草木があっても」、一日暖め、十日寒さにあたれば、生長できない。それと同じく、わたしが王に見《まみ》えることは稀であるのに、わたしが退出するやいなや、別の者がやって来て、わたしが芽生えさせた善い感情の熱気を、「冷まし」てしまうのだ（告子上九）。とはいえ通常は、この道徳性の「成熟」というイメージは、逆に理解されていて、楽観的な意味をもたらしている。すなわち、酷暑の時期のように、望ましくない条件が道徳性の生長を妨げていても、突然の驟雨があれば、その生長が止まることはない（梁恵王上六）。

このように条件設定が重要だとなると、道徳性は、環境や外部の影響から考えられていく。孔子にならって、孟子は近隣の質を強調する（公孫丑上七。またたとえば「孟母三遷」の故事）。影響は日々行使され、それに気づくこともないからこそ、いっそう決定的である（尽心上一三「民日遷善、而不知為之者」）。人との交際によって道徳は形成されるが、それは言葉を習得することに似ている（滕文公下六）。周知のように、語学の最良の教育法は、その言葉が広く使われている場所に子供を送り出して滞在させることである。環境の条件がそのように整っていれば、数年後には、その子供は、それ以外の言葉を話すことが難しくなるほどだ。これは、わたしたちを取り巻く道徳的な環境についても同じである。孟子は、間接的な刺激という理想を遠くまで推し進めたために、その関係を逆転させるに至った（公孫丑上八）。智慧の第一段階は、他者が自分の欠点を指摘した時に、それを「喜ぶ」ことである。第二段階は、少しでも善なる言葉を聞けば、それを「拝謝する」ことである。だが、大聖（ここでもまた舜である）は、他人と善を一緒に共有して、善を為すためであれば模範的な他人に喜んで「従」った。他人が為す善を「取」るのは、他人に善を為させようとするからである（大舜有大焉。善与人同、舎己従人、楽取於人以為善）。

ここでは、条件設定の論理はその最大の深みに到達している。なぜなら、他人の善に従うことで、それが範例となる状況が作られるため、他人は自然と善行を勧められている気持ちになるからだ。聖人は、他人に直接影響を与えようとして、自分をモデルとして立てたり、自分の智慧を専有したりするのではなく、身を引いたままなのだ。しかし、この慎み深さが、本当に効果を上げる条件なのである。

舜を殺そうとする弟

だが、悪を克服するには、こうした良い影響だけで十分なのだろうか。どこの国にも、悪を表象するのに、敵対する兄弟を配役にする伝統がある（ギリシア神話では、アトレウスとテュエステス〔弟テュエステスに妻を誘惑された兄アトレウスは、弟の子を殺し、弟は兄を呪う〕、エテオクレスとポリュネイケス〔エテオクレスとポリュネイケスは、テーバイの王位を争い、一騎打ちの末、共に倒れた〕など。聖書では、カインとアベル、エサウとヤコブ、アブサロムとアムノンなど）。孟子もまたこう語っている（万章上二）。大聖（やはり舜）は、父母と結託した弟から目の敵にされていた。その弟は、舜に穀倉を片づけに行かせた時には、梯子をはずして火をつけた。舜がまだそこにいると思っていたのである。また、舜に井戸を浚いに行かせた時には、生き埋めにしようと土をかけた。そして舜が脱出したとは気づかなかったのである。弟は、この兄殺しの大罪を得意がり、兄の財産を奪い取るつもりでいた。しかし兄の部屋に入ってみると、兄が寝台に腰かけ琴を弾いていた。そこで弟は、兄のことを心配していたと口にしたが、恥ずかしさのあまり顔は赤くなっていた。ところが、寛大な兄は、その弟にある仕事を任せたのである……。

この話は教訓的ではある。しかし、孟子の弟子は、その主題について尋ねた。聖人は弟が自分を殺そうとしたことを知らないのでしょうか。孟子は答える。「知らないわけがない。舜は、弟と喜びや苦しみを共にしていたのだ」。「では、聖人が弟を見て表した喜びは、偽りだったのでしょうか」。孟子は答える。弟は「兄を愛しているかのように」舜のもとに来た。だから、聖人は彼を信頼し、そのことを喜んだのだ。聖人には微塵も偽善がない（彼以愛兄之道来。故誠信而喜之。奚偽焉）。

孟子は、それ以上述べない。話は急に途切れ、孟子は弟子の問いに、本当には答えなかった。教訓を垂れるのではなく、ある物語が語られ、それが悪しき振る舞いの物語であったにもかかわらず、孟子はそこから結論を引き出さなかったし、困難をごまかした。孟子は、善い意志と同じく、悪い意志も見ないふりをしたのである。

これほどまでの邪悪さが執拗に続いた後、実にあっけなく、すべては円く収まった。中国以外の伝統で語られたような、兄弟の骨肉の争いというテーマから当然予想される結末に比べれば、不自然である。とはいえ、こうした問題は、中国思想に対してしばしば直面するものである。中国思想は、(性善を楯に)それ自体としての悪を認めず、困難を調整する理の内に、苦もなく吸収する。なるほど、中国思想は、神話や不安、そして問いかけから来る眩暈を免れている。アダムを必要としていないのである。だが、これではやはり困難を巧みにかわしているだけである。

第11章　自由の観念なしに

1　自由に基礎づけられた道徳

道徳の問題から意志を切り出したことには、もう一つ別の重要な帰結がある。自由について考えなければならないというものだ。意志と自由が繋がっていることには、疑問の余地はない。「自由がなければ本当の意志」はない、とルソーは述べた（『エミール』中、一七一頁）。カントはこう述べる。意志は、理性的であるかぎりでの「生きている存在者が持つ原因性」の一種であり、自由は、その「特性」である（『人倫の形而上学の基礎づけ』九〇頁）。自由の定義に関しては、広く合意が見られる。つまり、消極的には、自由は依存しないことだと考えられる。カントは「外的な原因に依存せずに」活動できることだと言う。積極的には、自由は自律として考えられる。カントは、常に「自由意志」と「道徳律に従う意志」は同一のことだと述べる。自由は、自己の外にあるどんなものにも従わないだけでなく、より本質的には、自らにその固有の法を与えることなのだ。

ここにはある自明性のようなものがあり、西洋文化はそれと一体化してしまっている。西洋の道徳的反省はいずれも自由に帰する。それほどまでに、西洋は自由を重んじ、さらには理想としたのである。だからこそ、それぞれの反省の焦点であるこの点で、カントとルソーは合流せざるをえなかった。カントは、自由の概念を、純粋理性の体系の「鍵」であるとして、思弁的に理解した。そして、道徳性の明確な概念は、この自由に帰する、とする。また、ルソーは、人間は選択によって善を行なうことができ、それが行動に道徳性を与えるが、だからこそ、人は「自由を与えられて」、大地に「置かれた」、と述べたのである。

中国における自由の欠如

この立場にはほころびがなく、取っ掛かりがほとんどない。合意が緊密であるために、矛盾を導き入れることもできず、普及しているために、距離を取って問うこともできない。少なくとも、西洋の伝統の中からはそうである。そして、ここにこそ、「西洋」の「伝統」がある。ところが、孟子や、その後の中国思想には、十九世紀末に、「西洋的な」自由の概念を翻訳するのに、新語「自由（自らに由《よ》る）」を作らざるをえなくなった時まで、自由の概念は見いだせない。なるほど、時には、孟子にも、道徳性に欠けた人は「使役」されるという考えがあったし（公孫丑上七「不仁不智無礼無義、人役也」）、聖人が平静なのは、人にどう思われているかとか、栄達に無関心であるからだという考えも見られる（尽心上九「人知之亦囂囂、人不知亦囂囂」）。だが、孟子の考察のどこにも、自由に関する積極的な概念把握は見られない。自由という用語が欠けているだけではなく、それを支える、概念的でイデオロギー的な背景が全く欠けているのだ。

ここで文化間の隔たりを掘り下げてみよう。西洋では、自由の概念が豊かで確固たるものになっていき、啓蒙の時代には、自明と見なされるほど重要になった。自由の概念が、決定的なものとして啓示された経験に支えられていたからである。ギリシアは、政治的な自由を発見したが、それはギリシア人には賛美すべき獲得物として体験されていた。つまり、それは、外の侵略者（ペルシア）からの独立であったし、国内では、ポリス（アテネ）の民主制であった。奴隷は人間に従い、自由な人間は法 *nomos* に従う。そして、このことを反省する時代が始まり、紀元前四世紀（これは孟子の時代でもある）には、自由の理想は内面化されていく。自由は、市民の自由であるだけでなく、理性に服従するものとして、道徳的な次元を手にしたのである。

ところが、古代中国は、自由な人間の身分と奴隷の身分を対立させていなかった。対外的にも、隣国の民よりも中国が優れているのは、自由のためではなく——ギリシア人は、ペルシア大王の臣下よりも、自分たちのほうが自由であるだけ優っていると考えていたが——、倫常や教育のためだと考えていた。また対内的にも、悪政を、打倒すべき専制とは考えずに、回復すべき乱だと考えていた。中国では、王制以外の政治体制は出現しなかったし、思いつかれることもなかった。古代中国はポリスではなく、覇権を競い合う国々からなっていたのだ。では政治的な次元ではなく、形而上学的な次元ではどうかというと（つまり、ギリシアではなくキリスト教という別の源泉から見るということだが）、西洋では自由は神との関係を規定するものであった。神の摂理は人間の選択に余地を残しているはずで、人間は人間として絶対的に自由である。ところが、中国では、見てきたように、人格神の概念が深められず、神学的なモデル化が構想されなかったのである。

自由な行為という先入見

さて、文化間の違いはこうして大体見定められたとして、今度は、それがどんな哲学的な先入見によるものかという観点から説明してみたい。そのために、意志に関して見ておいた対立に戻ろう。西洋が自由を考えるようになったのは、人間を「行為する者として」（アリストテレス『詩学』四八A）理解したためである。そこから必然的に、人間はどうやって自分の行為を始めるのかという問いが——ギリシアの叙事詩や悲劇以来——立てられた。そして、行為の「主人」は人間であるというこの考え方は、道徳を思考する上でも特権的な位置を占めた。カントにせよ、ルソーにせよそうで、両者とも「行為」から「原理」を探求したのである。ルソーは、「あらゆる行為の原理は自由な存在者の意志にある」（『エミール』中、一七一頁）と言い、カントは、「行為を主観的に十分規定する原理」を考えなければならないと言う（『人倫の形而上学の基礎づけ』九四頁）。人間が自由なのは、自分の行動に関してである。もし行動を一つのまとまった単位であって、切り離すことのできる人間事象だと考えなかったら、自由を考えることはなかっただろう。同様に、もし道徳的現実を含む現実を、原因性（行為の原因）に基づいて、物理的に説明しなかったら、自由を考えることはなかっただろう。ルソーが道徳的考察を、次のように始めていたことを想い出そう。「わたしは物体の中に、二種類の運動を認めている。伝達された運動と、自発的もしくは意志的な運動である。前者では、運動の原因は動かされる物体の外にある」（『エミール』中、一五七頁）。この対立を人間に関係づけると、人間が自由であるのは、「（行為を規定する）原因は自分自身のうちにある」ということだ。そして、「それ以外のことは、わたしはもう何も理解できない」（同中、一七一頁）。

カントは、「原因性」としての意志と、原因性の「特性」としての自由について語り、自然法則をモデルにして道徳の「法」を構想していた（原因性とは、原因が働く状態のこと。次の二つに大別される。すなわち、決定論に支配された自然法則の原因性と、何物にも左右されない意志によって因果関係を開始する自由の原因性である」。一方は、機械論の法であり、「それによって、すべてが生じる」。他方は、自由の「法」であって、「それによって、すべてが生じるべきである」。したがって、意志と自由の概念が結合されると、自由な人間は、理性的存在者であるかぎり、「行為に関して自分が原因であるという意識を付与されている」としか定義されない（『人倫の形而上学の基礎づけ』九三頁）。

ところが、中国思想は道徳性を、行為ではなく、連続的な変遷としての行ないの観点から考えてきた。ここでは、プロセスとしての行ない、つまり「人行（行ないの推移）」が、「天行（天の運行）」として語られる。また、それを原因（結果を産み出すもの）ではなく、条件（ある帰結に達するもの）の観点から説明した。その考察は、「なぜ」ではなく、「いかにして」を問うのだ。上述したように、そのモデルは、物体の運動ではなく、植物の生長である。そのため、その理想は自然＝自発性（ひとりでに、おのずと生じるという意味で）であり、自由（ならびにその反対である決定論）には出会わなかったのだ。中国人にとって、聖人は、あえて勉《つと》めることなく、それを目指すこともなく、さらには思いもしないで、「従容として」道徳に従う人である（離婁上一二、尽心下三三、『中庸』二〇章末「誠者不勉而中、不思而得、従容中道、聖人也」）。聖人は、絶対的に自然な仕方で、道徳に従っている。つまり、自分の本性と道徳が寸分の隙なく合致している。聖人は、推移しながら生命を産み出し展開させていく「天」（自然）のようである。

ヨーロッパでの道徳に関する考察も、自発性という観念から出発したが、すぐさまそれを自由に由来させた。カントによれば、「絶対的な自発性の能力としての」自由ということになる（『実践理性批判』一九二頁）。また、ルソーによれば、上述のように、「自発的もしくは意志的な運動」である。つまり、自発性を、人間に内在するのではなく、独立性＝非依存性においてとらえたのだ。なぜなら、それを行動との関連や、原因の観点、そして意志という見地から考えているからだ。こうして、啓蒙の哲学者には、すべての理性的存在者は、「自由の観念のもとで」のみ行動できるように見える（カントはこの言い方を何度も繰り返した。『人倫の形而上学の基礎づけ』九三頁）。ここで検討しなければならないのは、西洋と対照的に、中国では、自由の観念なしに、道徳をどう構想しえたのか、そしてその帰結は何なのか、ということである。

2　道徳的価値の超越性と「ほとんどない」違い

とはいえ、孟子とカントは、価値に対しては同じ経験を共有している。両者ともに、生を犠牲にしても構わないほどに、何にも増して重要だと思われるものがあると、率直に述べているのだ。カントはそれを解説して、「それは生とは全く異なる何か」であり、「これと比較し対比するなら、生はその一切の魅力を含めて、全く無価値である」（『実践理性批判』二五一頁）と述べた。ところが、これはまさに孟子の言でもある。「わたしは魚が好きだし、熊の掌（中国の珍味）も好きだ。もし二つが同時に手に入らないのなら、魚を捨てて熊の掌を取るだろう。同様に、わたしは生が好きだし、義も好きだ。もし二つが同時に手に入らないのなら、生を捨てて義を取るだろう」（告子上一〇）。なるほど、わたしは生が大事だと思っているが、しかし、「生よりも大事だと思うもの」があるために、生を何としてでも守ろうとはしない。同様に、わたしは死を厭うが、しかし、「死よりも厭うもの」があるために、たとえ命を落とすことになっても、その患いを避けようとはしないのである。

ところで、生より価値あるものを思う「心」は、賢者だけが持っているわけではない。ただし、賢者だけが「失わずにいられる」（非独賢者有是心也、人皆有之。賢者能勿喪耳）。感情は共有されているのだ。その証明として次の事例がある。ここに、お腹を空かせた人がいて、お椀一杯のご飯とスープさえあれば生きていけるとしよう。だが、もしあなたがその人に侮蔑的な態度で食べ物を与えたなら、その人は物乞いをしていたとしてもそれを受け取ろうとはしないだろう。

尊厳と平等

孟子もカントも、道徳的価値の超越性を表現するのに、同じ概念を用いている。カントは、先ほど引用した箇所で、義務に反するよりは、みずからの生を犠牲にするという覚悟を持つのは、自分の人格の中にある「人間性の尊厳」を、「保持し尊重する」意識があるからだと述べていた。同じ概念が、中国にもある。孟子は二種類の「爵位」があると言う（告子上一六）。すなわち、「天から与えられた」自然的な爵位（「天爵」、仁、義、忠など）と、「人から与えられた」社会的な爵位（「人爵」、公、卿、大夫）である。さて、カントは続けてこう述べた。自分が生きるに値しないことを自分の目で見ることに耐えられないのは、「自らの（物質的で社会的な）状態が有する価値」を全て放棄できても、自らの「人格」が有する価値は放棄できないからである。同じことを、孟子も続けて述べる（告子上一七）。「価値のあるものへの欲望」は、万人が共有しているが、一般に人が価値があるというもの、たとえば王が付与剝奪する名誉といったものは、「真正なる価値（良貴）」ではない。本当は、万人が「自分の中に価値を有している（人人有貴於己者）」のに、それに気づいている人が実に少ないのである。以上のように、カントにも孟子にも、価値についての同じ経験が見て取れる（そのために、ここでは、カントが孟子を読む手助けになる）。どちらにとっても、人間を価値あらしめるもの、そして生存以上に大事なものは、カントの用語で言うならば、道徳によって人間が自分の「目的」を、「その本性の崇高さ」に従って果たすことであり、人間が無制約者（孟子の言葉では「天」）に結びつくことなのである。

また、両者ともに、道徳的価値の超越性を表すのは、その空間的かつ時間的な普遍性だと考えている。最高の聖人である舜は中国の東からやってきたし、文王は西からやってきた。この二人の間には、千年以上もの時が流れているが、それでも彼らの志は符節を合している。「先聖と後聖は揆を一にしている」（離婁下一）。なるほど、道徳性への資質から見ると、万人は「平等」（鈞）である（告子上一五）。この点では、誰も特別な天賦の才を持っていないし、優遇されたわけではない。古の大聖たちも、わたしと同じ人間であった。彼らのように行なえば、必ずや彼らのようになる（滕文公上一）。孟子は王の使者に対し、わたしを盗み見ても無駄だと応えた。「わたしは他の人と異なりはしない(*)」（離婁下三二）。

（*）この平等の観点は、孟子では、道徳的な次元でのみ妥当して、社会的な次元にはあてはまらない。実際、孟子は、その当時に、事柄や状況の違いを消して、すべてを「平等のもとに」置こうとした人に反対した（孟子は、「不平等（不斉）は物の情である」と述べて、原初的な経済への回帰を目指した許行学派のような、当時の道家者流に対抗していた。滕文公上四）。孟子はまた、人が万人に対して等しい愛情を持つことを願う人にも反対した（墨家は家族的な愛に異議を唱えたのだが、儒家はそれに強くこだわった。滕文公上五）。孟子は、「心を労する」人と「力を労する」人、社会を治める人と社会を養う人といった、仕事に応じた区別を強く主張しているが、それはアリストテレスのよく知られた（支配と被支配の）区別の延長線上にある（『政治学』I－五）。さらに孟子は、士人が特権的なのは、共同体に道徳的に寄与しているからだと弁護したが、それはいかにも疑わしい理由によってであった（滕文公下四）。

人間と動物の違い

換言すれば、万人が同じ道徳的な潜勢力を有している。人々の違いは、どれだけそれを現実化したかという、程度の違いである。たとえば、偉大な舜も、まだただの人にすぎず、深山に引きこもって、木石や野生動物の間で暮らしていた時には、周りにいた深山の野人と異なる点はほとんど無かった（其所以異於深山之野人者幾希）。だが、一つの善言を聞き、一つの善行を見るに及ぶと、舜は、「堤防が決壊した河」のように、その道徳の実現への流れは「防ぎ止めることができな」かった（尽心上一六)。自らを拡充することで、「ほとんどなし(幾希)」の状態から、最大の効果がもたらされたのだ。

これを検証するためには、もう一つの定式と対比すればよい。「人間が動物と異なる点はほとんどない。庶民はそれを失っているが、君子はそれを保持している」(離婁下一九「人之所以異於禽獣者幾希」。これを離婁下二八「君子所以異於人者、以其存心也」と比較してみるとよい上掲の尽心上一六も参照)。つまり、人間と動物の違いは、たとえば人間は神の似像だと理解された場合とは状況を異にしている。公然たる本質の違いではなく、可能性の違いなのだ。その違いは、存在論的もしくは神学的(あるいは存在=神学的)なものではなく、道徳的なものであり、すべてはこの違いがどう活かされるかに懸かっている。人間が自分の心を意識しなければ、動物に戻るし、逆にそれを現に保持していれば、その人は完成された聖人であり、絶対者である天にまで達する。この違いは「ほとんどなし(幾希)」であるのに、底知れないものにもなりうる。わずかな違いが無限であり、そこに道徳の無限性がある。

3　二元論を超えて

カントに戻ろう。自らの人格のうちにある人間的な「尊厳」を「保持し尊重する」ためなら、人は自分の生をも犠牲にする覚悟がある。それは、自らの本性に（その目的に基づいて）「崇高さ」を与える道徳的な諸価値が、超越的に存在するということだ。ここからカントは二元論に導かれ、続いて、次のように結論づけた。道徳律はわたしたちの本性が崇高だと感じさせてくれるが、その崇高さは「わたしたちの超感性的なもの」の崇高さなのだ（『実践理性批判』二五一頁）。

カントの二元論のゆくえ

この超越的なものとの連関は、次のことから明らかである。カントは、意志を理性的存在者の原因性として立てたため、自由を、人が外的な原因に依存せず活動できるという、意志の原因性が有する特性だと考えていった。そして、この意志の原因性は、自然の必然性とは別の次元に属している。ここで自然の必然性に立てば決定論になり、自由の可能性を全く否定することになってしまう。したがって、カントは別のタイプの自然、すなわち経験や感覚に依存しない自然を措定していた。自由がもともと「わたしたちに与えられているとするなら、それはわたしたちを可知的な事物の次元に置くだろう」（『実践理性批判』一八三頁）。道徳律の主張と自由の主張は、相互に依存し合っているので、この悪循環から抜け出るには、別の観点を持ち込み、現実を二つに分けるしか方法はない（『人倫の形而上学の基礎づけ』九六頁）。その結末は、周知のとおりである。可感的なものと可知的なものとの区別、現象とその背後にある物自体という区別に、戻らざるをえないのである。

　そして、この二分化は人間にも当てはまり、人間もまた、二つの「世界」に、両方に属す。「一方では」、人間は可感的（現象）世界に属しているために、欲望や性向によって自然法則の決定論に従う。他方では、人間は可知的（思弁）世界に属しているために、因果律に従う。因果律は経験法則から独立しており、自由を条件としている。これが道徳律であり、ここに意志の自律がある。一方に、現象的な自我、唯一認識可能で、その行為が物理的に条件づけられている自我がある。だが、その背後には、別の自我があり、それは無制約なもので、現象的な自我を基礎づけるものだ。つまり、自由が物理的な（*physique*）条件設定を逃れて可能になるためには、形而上学〔語源的には、自然の後に、自然を超えて *métaphysique*〕のほかに道はない。これが「人倫の形而上学」である。それゆえ、この点に関してカントがどんな否認をしようが、あるいは、カントが道徳をそれ自身から基礎づけようとして、どんな努力をしようが、カントの道徳の基礎づけは観念論的な基礎づけにとどまっている。カントは、それまで足枷となっていた思弁から、可知的世界についての思考を解放したと自負した。そして、それを、空間と時間のイデア性を認めることによって、厳密な基盤の上に確立したと主張した。しかしながら、カントもなおプラトニズムから脱出してはいなかったのである。

このような論理展開は、ルソーにもはっきり認められる。自由意志を原則にしたために、ルソーは、自然の決定論を逃れるのに、二つの「実体」、すなわち、質料的（物質的）実体と精神的実体を対立させなければならなかった。「だから人間はその行為において自由であり、自由な者として、非質料的な実体によって生命を与えられている。これがわたしの第三の信条である」。この第三の信条から、その他の信条はすべて「演繹」される（『エミール』中、一七一頁）。人間の道徳的使命を正当化するためには、ルソーもまた、物質主義《マテリアリズム》に対して反駁しなければならなかった。「いや、人間は一つではないのだ」。身体の法則に対して、魂の声がある。前者は「官能の支配」に属し、後者は「永遠の真理」を希求するというのだ。

訳者解説コラム④　自由と決定論（可知的と可感的）

われわれが日常目にし、経験する世界の事象は、すべて自然法則に従って起きており、あらかじめ必然的なものとして決定されているのか、それとも自然法則以外に、自由による原因性（因果性）もあるのか。カントはこれを互いに矛盾する二つの命題が同時に成立する二律背反の一つだと考えた。というのも、すべての原因性が自然法則によって決められているという立場に立てば、因果関係の連鎖の部分は説明がつくが、連鎖の一番最初の原因が、何によって決定されたのかはわからなくなる。したがって一番最初の原因性は絶対的に自発的な、自由による原因性でなくてはならない。一方、自由による原因性もあるとする立場について言えば、自由とはまったく何ものをも前提にしないことなのだから、もはや因果関係そのものが考えられない。したがってすべての原因性は自然法則に従うはずである。

カントはこの二律背反を、世界を二分化することで切り抜けようとした。すなわち、可感的世界（感性界）と可知的世界（叡智界）である。カントの解決策はこうである。この世界は、感性によって経験しうる現象のみからなる可感的世界と、経験しうる現象を超えた物自体の世界、悟性によって表象される可知的世界から成る。この二つの世界に属する人間が、意志を持ってある行為をなすとき、可知的世界にあっては、その意志は何ものにも基づかないまったく自由なものであるが、可感的世界にあっては、諸々の条件によって規定され、自然法則に従っている。こうして二律背反は解消され、人間の意志の自由が保証されるというわけである。

二元論を知らない孟子

このような二元論に対しては、ニーチェ以後、一世紀以上にわたって、人は公然と距離を取るようになっている。だが、いったん意志と自由を立ててしまった以上、西洋哲学の内部で、どこまでそれを避けられるのだろうか――少なくとも、人が論理的であるのなら。ところで、孟子はというと、道徳の超越を考えるのに、いかなる二元論的な立場も取らずにすませている。それどころか、二元論の可能性すら想像していないように見える。孟子は、人間の尊厳のために自分の生を犠牲にする覚悟があることを考慮しているが、そのために世界を二分化したり、人間の中に身体と魂のような対立を持ち込んだりすることはない。孟子は道徳の理想を守るが、そこには西洋でそれを支えている観念論はない。しかも物質主義でもない。観念論と物質主義の対立は孟子にとって意味をなさない。孟子がどのように問題を扱っているのかを見てみよう。

孟子は述べる（告子上一四）。「善」と「不善」の違いを考えるには、自分自身の「体」から考えるしかない。そうすると、自分の中に、「貴」と「賤」、「大」と「小」があるのがわかる。「賤」が「貴」を害したり、「小」が「大」を害してはならない。なぜなら、「小」を養う者は「小人」であり、「大」を養う者は「大人」であるからだ。孟子はひたすらここにとどまる。人間の現実の中に、価値の違いを導き入れるだけで、本質や原則の違いを導き入れない。また、孟子が行なう分離は、純粋に価値に関わるものであって、そこに形而上学の支えはない。

その証拠に、孟子は、続けて次の比較を行なっている。桐や梓の木を見捨てて、棗《なつめ》や棘《いばら》を大事にするなら、その庭師はひどい植木屋であろう。なぜなら、貴である桐や梓の木を、賤である棗や棘のために見捨てたのだから。この比較はあたりまえのように見えるが（中国の注釈家たちはこれを気にもかけない）、外の観点から、西洋形而上学という観点から見ると、啓示的なものといえる。というのも、ここで区別されている桐や梓にしても、棗や棘にしても、同じ樹木であって、同じカテゴリーに属しているからだ。西洋形而上学的に言えば、ここには一つの「本質」しかない。この後に続く第二の比較が、これを確証する。一本の指を大事にするばかりで、肩や背中をなおざりにして顧みなかった人は、「獰猛な狼」のような人である（養其一指、而失其肩背而不知也、則為狼疾人也）。ここでもまた、指、肩、背中は同じ次元に属している。つまりここでは、「可感的なもの」と「可知的なもの」の対立、「魂」（「非物質的なもの」）と身体との分離はいささかも見られない。

心も一つの器官である

また、ある人が孟子に問うた（告子上一五）。もし道徳性への資質から見て誰もが平等であるのなら、「小」に従って小人となり、「大」に従って大人になるのは何によるのか。孟子は答える。聴覚や視覚といった感覚器官には、理解したり思考する機能はない。外物に「蔽われ」たまま、外物と交わると、外物によってただ「引きずられる」だけになる（耳目之官、不思而蔽於物。物交物、則引之而已矣）。しかし、心の器官には、理解したり思考する機能がある。「もしそれが思えば対象を得るし、思わなければ対象を得ない」。換言すれば、心が働いているかどうかによって、心は思ったり思わなかったりする。あるいは、この諸感覚と心の対立が、「大」と「小」の対立に代わって、孟子を二元論に導くと思われるかもしれない。だが、これら二つの対立項は、またしても、同じ実体に属しているのだ。つまり、心も一つの「器官」（心之官）であって、特定の働き（思うという働き）をなしていることでは、その他の器官と全く同じ資格である（その機能だけが優越している）。だからこそ、孟子はこう結論づけることができた。「大」であれ「小」であれ、わたしたちの有するすべては、天（自然）から「与えられた」ものである。また、だからこそ、孟子はこの考察をこう始めることができた。わたしたちの身体は、すべてが「愛」されねばならず、一片の皮膚とてなおざりにすべきではない（告子上一四「無尺寸之膚不愛焉、則無尺寸之膚不養也」）。人間という存在においては、何一つとして拒まれてはならない。しかし、優先関係は立てなければならない。

孟子はさらに進む。諸感覚と心がそれほど統合されているのなら、心の働きを、人間の身体から切り離すのではなく、本質的な一体性を強化していけばよい。ここで、孟子は、注目すべき定式を出した。「わたしたちの形体は、天に由来する本性である。しかし、聖人だけが、形体を十全に践《ふ》み行なう」（尽心上三八「形色、天性也。惟聖人、然後可以践形」）。孟子はここで、人間の本性はわたしたちの中では一つであり、形体を軽んじてはならないと主張する。なぜなら、すべては「天」からやってきたのであり、「天」は実在の底無しの根元だからだ。だが、それだけではない。さらに、最後の表現によって、起こりうるすべての二元論を防いでいるのである（そのため、この表現は実に凝縮されていて、翻訳は難しいように思われる）。わたしが「践み行なう」と訳した「践」という動詞は、足で踏むという意味である（中国のいつものモチーフである「道」、すなわち通行可能な場所を、踏み歩くというように）。同時に、王位に上ると言われるように、最後まで上りつめるという意味であり、自分の立てた誓いを履行するという意味である。つまり、約束を「履行する」ように、聖人はその形体を「践み行なう」のである（朱熹「践、如践言之践」）。

　このイメージは、どんな禁欲主義的なイメージとも異なっていて、心を完全に拡充した聖人だけが、自分の「体」を用いることができるということだ。聖人だけが、事情をよくわきまえ、実在を十分意識することによって、真にその身体を「実践」でき、それによって、自分の全存在を十全に働かすことができる[*]。こうして孟子は、人間を二つに分けることを避けただけでなく、その一体性が何を目指しているのかをも示した。つまり、現実を具体的に引き受けることを目指すのである（徐復観のような現代の新儒家の思想家は、これを強調して、中国思想のその後の仏教化に対処すればよいと考えた[30]）。中国の聖人は、この世界に対して、無関心を通し、関与しないようにするのではなく、これから見ていくように、そこで成功を収めようとするのである。

（＊）『孟子』の別の章では、これらの主要概念を再び取り上げて、道徳による人間存在の統一と、道徳の身体的成熟をうまく示している。「君子がその本性として持っている」のは、四つの徳である（経験の中に垣間見られた四つの「端」）。「これら四つの徳は心に根ざし、そこで成長すると、調和を孕みながら、顔面に現れ、背中に溢れ、四肢にゆきわたる。四肢は、何も言われずとも、わかっているのである」（尽心上二一）。

レッグは西洋の二元論に忠実に注記している。「この記述は全体に、どちらかといえば無理がある」（四六〇頁）。

V 幸福と道徳の関係

第12章　正義は地上に存す

1　地上の報い

孟子は異邦の旅人の役割を果たしている。彼は、わたしたちの思考に、外部から新たな視線を投げかけるペルシア人のようである（だが、彼はもっと遠くからやって来た「ペルシア人」で、さらにより異邦的である）。彼と一緒に、わたしたちは道徳を再訪している。だが、ひとわたり検討し終えるには、まだもう一点残っている。それは、幸福の問いである。正確に言えば、徳はそれに見合う幸福によって報われるのかという問いである。ここでもまた、カントがこの問いを明確にしてくれていた（『実践理性批判』第一部第二篇第二章）。カントは、まず、幸福と徳が、最高善において、いかにして必然的に結合されるのかを示した。徳は最上善であり、それを越える条件はないのだが、しかし、それは最高善ではない。最高であるためには、徳に見合う幸福がさらに必要である。これは、理性的で、かつ全く公正無私な意志という観点から見たものだ。次に、カントは両者の結合の本質を分析した。徳と幸福は二つの全く異なった要素なので、この結合は同一性の関係（徳を幸福に還元したり、幸福を徳に還元したりすること）ではありえず、原因と結果の関係でしかない。そして、個人的な幸福への欲望が徳をもたらすことは、絶対に不可能なのだから、それと反対の仮説、すなわち、徳が幸福をもたらすことが、唯一論理的には考えられる。ところが、これは経験によって反駁される。この世界で、道徳的な意図が実際に報われることは、「偶然」でしかないからだ。

こうした一連の考えは、ルソーでも同じである。ルソーも、道徳性は報われてしかるべきだと考えた。「自分に立ち返り、自分に相談すればするほど、わたしの魂に刻まれた言葉、『正しくあれ、そうすればおまえは幸福になれる』がますます読みとれる」（『エミール』中、一七四頁）。しかしその直後に、ルソーも世界がそうなっていないことを認めていたのだ。「しかし現状を見れば全くそうではない。悪人が栄え、正しい人が虐げられている」。

徳は幸福にならないという二律背反

こうした矛盾（カントの言う実践理性の二律背反《アンチノミー》）から、何としても脱出しなければならない。さもなければ、十分基礎づけられたはずの道徳に、再び疑問を投げかけることになるからである。幸福は最高善の一部であるはずなのに、徳がその最高善を「促進」するのが不可能だとすると、道徳律は空想的でいかがわしいものになるのではないか（『実践理性批判』二八九頁）。そのための解決策は、前もって用意されており、わたしたちも先刻承知である。すなわち、自由の観念から導き出された、世界の二分化である。この世では高潔な意図が必ずしも幸福を産み出すことがないとしても、それは別の世界（もしくは別の生）において可能である。カントは、その「可能性を遠くまで探求」しさえすればよい、と言う。「遠くまで」というのは、経験の彼方であり、「可知的な世界」においてということだ。つまり、神を立てればよいのである。神の観念の中には、神の権能が絶対であることも、神の意図は完璧であることも含まれる。そうであれば、神は自然の原因であり、幸福と道徳性は正確に一致するという確信が持てるのだ。つまり、少なくともこの世と別の世界には、道徳的意図に適う因果関係が存在する。

ここで再び、カントとルソーは合致する（合致するほかない）。どちらも相手の歩みを辿っているのだ。カントは、神の存在を「要請」して、最高善が可能であるとするし、ルソーは、魂が神からそれにふさわしい幸福を受け取るだろうと「推測」する。どちらにとっても、解決策は、カントが言うように、「間接的」であって、別の場所や、事後においてしか可能ではない。つまり、別の世界か、死後である。たとえば、ルソーに次の言葉がある。「ああ、まず善なる人間になろう、それから幸福になろう」。ルソーは、この解決策は、「わたしたちの理解を超えている」が、「非理性的」ではないと述べ（『エミール』中、一七五－一七六頁）、カントは、それを「理性的信」（『実践理性批判』三〇五頁）だと述べた。

ところが、孟子はここに描かれた図式には当てはまらない。なるほど、孟子も、幸福と徳の結合という問いから逃げてはいないし、だからこそ、カントが洗練した理論的な枠組を借りて、より厳密に中国の思想を読むことができるのである。それは、中国思想の争点や独自の論理を、いっそう浮き彫りにする。しかし同時に、孟子はこれまで考察してきたどの立場も取っていない。㈠カントと同じく、孟子はこう考えている。幸福と徳は二つの異なる事柄であり、そのため一方が他方を産み出すはずで、それは当然ながら、徳が幸福を産み出す。これは、カントが言うように、一方を他方に同化して、徳を最大の幸福に還元したり、幸福を徳の意識と同一視したりする、エピクロス派やストア派とは異なる(『実践理性批判』二八五頁以下)。(二)しかし、カントと異なり、孟子は、幸福と徳の必然的な結合は、この世界で直ちに実現されるべきだと考えている。孟子は、別の世界を全く想定していないからである。

神なき地上に正義は存す

ここであらためて、文化間の表象がどれだけ隔たっているかを見ておこう。カントが、幸福と徳の二律背反を解決するのに神の存在を要請した時、つまり、「自然の知性的な制作者」という媒介者を経由した時、彼はキリスト教的な解決に戻っていた(『実践理性批判』三一二頁)。同様に、『エミール』の信仰告白も、「サヴォアの助任司祭の信仰告白」(中、一四六頁以下)にすぎず、ルソーはヨブの怨嗟を反復し、詩篇を模倣している。ところが、孟子が属している文化伝統は、救済や魂の不死への信(これらは、プラトンの神話以来、西洋の哲学伝統の中心にある)とは無縁なままである。したがって、二分された世界を考え、別の世界が現実の世界を補償し、現実世界にあるわたしたちを慰めてくれると想像したり、審判を下す神の仲介に訴えたりはできない。また、天国という理論的な便法を操って徳に報いることもせず、別の生における「贖《あがな》い」も期待しない。したがって残された唯一の解決策は、徳が、この世界、ただ一つのこの世界において、直ちに報われることを確証することである。それには、道徳の報いは内在的であり、正義は地上に存し、彼岸を望みはしないと証明するしかない。

いかなる信にも訴えない以上、孟子は次の一線に踏みとどまらなければならなかった。つまり、道徳的な行ないは世俗的な成功をもたらすというものである。この命題は、歴史の中で証明されるはずで、まずは消極的に証明される。「その民を甚だしく虐げる者は、非業の死を遂げ、その国は滅亡する。甚だしくはないにしても、その者の身は危険に晒され、その国は領土を削られる」（離婁上二）。その証拠に、王朝の興亡がある。過去三代の王朝が天下を得たのは、仁によってであり、天下を失ったのは、不仁によってである（離婁上三）。

これは君主だけに当てはまることではない。上から下まであらゆる階級の人々が、同じ原則に服していると考えられている。「天子が仁でなければ、四海を保つことはできない。諸侯が仁でなければ、その国の祭祀を保つことはできない。卿・大夫が仁でなければ、その宗廟を保つことはできない。最後に、庶人が仁でなければ、自分の四肢を保つこともできない」。この応報の原理は、政治だけでなく、個人的な次元にも当てはまり、自らに反《かえ》ることが求められる（離婁上四）。「人を愛しても、その人に親しまれないなら」、自分の「仁」を反省する。「人を治めようとしても、うまく治められないなら」、自分の「智」を反省する。「人に礼を尽くしても、その人が応えてくれないなら」、自分の「敬」を反省する。

ここから、次の一般的な格率が出てくる。「行なっても何も得られない時には、常に自らに反《かえ》り、その理由を求めなければならない」（行者不得者、皆反求諸己）。孟子は矛盾を根本から断ち切って、議論をうち切る。すなわち、人は自ら不幸を招くのであり、それは行ないが非道徳的であるからにほかならない。

2　仁は利に優る

孟子は観念論を取り替えただけだ、あるいはむしろ、その代用品を提供しただけだと思われるかもしれない。孟子は、可感的なものと可知的なもの、地上の生と天国との対立から定義された形而上学的な観念論に訴えられないために、人は善い感情に動かされるという安易な道徳主義に終始しているのではないか。正義が回復される別の世界を想像できないために、この世界のユートピアを作り上げたのではないか。

ところが、全くそうではない。少なくとも、最初のうちはそうではない。孟子は、徳の世俗的な成功を、敬虔に願っているのではない。孟子はこの命題を、実用的に、現実的な論拠から主張していた。つまり、個人的な利を目指す人は、実際には本来の利に背いており、利益の追求が、結局は利益を生まないことを示すのである。孟子は徳を擁護するのに、想像的な当為を借りてくるのではなく、この世界におけるその効力を理由とする。孟子は王に語る。自分の権力を伸ばしたければ、力に頼るのではなく——力による成果は、常に一時的で限定的なものだ——、御自身の仁の感情を働かせるだけでよいのです（公孫丑上三「以力仮仁者覇、覇必有大国。以徳行仁者王、王不待大」）。

徳があれば得るものがある

一見すると、この立場は、首をかしげずにはいられないほど奇妙である。そもそも西洋では、その語の起源から、*vertu*（徳）の二つの意味を区別していた。第一の意味は、善をなすように仕向ける内的な素質（仁の徳や義の徳と言う時の徳）であり、第二の意味は、ある効果にふさわしい利益をもたらす性質、つまりある効果を産み出す力を与える性質（植物の効能や、「……の力で」と言う時の効力）である。最初の意味は、道徳的であり、ヴァレリーがすでに気づいていたように、今日ではもうほとんど用いられない。他方、第二の意味は、実用的にしか使われない。ところが、このvertuという語で翻訳した中国語の「徳」は、二つの意味を分けずに保持している。最も古典的な注釈では、「徳」は、同音同義の法則によって、獲得するという意味の「得」という動詞によって解釈されている。すなわち、心の中に「徳」があれば、天下において「得」るものがある、というのだ。

ヨーロッパで、この語の二つの意味を分離していたのは、主観的なものと客観的なもの、魂と世界との隔たりを深く掘り下げたからである。一方に、心の希求するものがあり、他方に、物事の流れがある。そして、この隔たりは、どこまでも深く掘り下げることができ、西洋の思考をたえず豊かにしてきた。ところが、思うに、中国思想は、それとは反対の可能性を探求し、別の豊かさを引き出した。中国思想は、すべての実在を、プロセスを表す言葉（たとえば「道」）で理解し、この独特の範疇によって、道徳の領域と自然学の領域との距離を縮めようとした。道徳的な能力が、目に見えない形であれ、わたしの中に存在する以上、それは外に向かって、目に見える形で、自らを現そうとする。感覚できるものは、目に見えないものの延長上にあるのであって、その単なる帰結にほかならず、目に見えないものから切り離されてはいない。そのため、徳を完成させること（「成徳」）は、徳を客体化することと同じである。あるいは、孟子が言うように、わたしが自分の本性と完全に一致すれば、本性はその能産的な効果を発揮して、その結果、他人と自分を「動」かさずにはいられないのである（離婁上一二「至誠而不動者、未之有也」、『中庸』二三章「唯天下至誠為能化」）。

利を語れば国は滅びる

『孟子』という書物は、次の対話から始まっている。王が孟子に言う。あなたがわたしに会いにはるばる来たのは、わたしを利する方法を知っているからであろう。孟子が答える。「なぜ利について語るのですか」。もし王が自分の国の利をお思いになるのなら、大夫は自分の家を利することを思うし、庶人は自分の身を利することを思うようになります。上から下まですべての人間関係が利に基づけば、あなたの国は危殆に瀕することでしょう。というのも、どの人も自分の持っている以上のものを欲しがり、自分より上の人を嫉むからです。利を先にすれば、それはあなたを不利にします。なぜなら、人々は「あなたからすべてを奪わなければ」決して満足しないからです（梁恵王上一「苟為後義而先利、不奪不饜」）。ところが、道徳性を先にすれば、あなたはその分報われます（離婁下三「君之視臣如手足、則臣視君如腹心……」も参照のこと)。同じ議論を、孟子は、戦争をやめるようにと王の説得に向かおうとする食客の一人と交わしている(告子下四)。王に戦争を思いとどまらせるには、利によってではなく、仁によって説かなければならない。そうでなければ、その国のどの立場にいる人も、自分の利ばかりを思うようになり、こうした人間関係に基づいた国はたちまち滅びてしまう。

孟子は、王が自分の権力を伸ばそうとすることを非難しているのではない。それは、王が白状するように、「大欲」の対象である。孟子が認めさせるのは、王がそのための良い方法を取っていないということだ。王の欲望と王の手段が矛盾しているのである。力に訴える国は、その他の国々がすべて敵対するために、常に少数派となり、力関係が不利にしか働かない(梁恵王上七)。利害に基づいた行ないに備わることの矛盾を、孟子は、思いつくままに様々な比喩で表現している。たとえば、木によじ登って魚を捕ろうとするようなものだとか(猶縁木而求魚也)、酔っぱらうのを嫌っているのに底無しに飲むようなものだとか(離婁上三「是猶悪酔而強酒」)、湿気が嫌いなのに低地に住むようなものだとか(公孫丑上四「是猶悪湿而居下也」)である。これらは、災厄をもたらすものの中に、利益を求めているのである。したがって、次の結論が引き出される。最も確かな利害の観点から見ると、非現実的なのは、君子ではなく、利を求める人である。

3　徳の効力

利己主義が、どのようにして自分と他人を対立させて、自らを弱らせるのかがこれでわかった。では、利他主義は、何によって他人に影響を与えるのだろうか。孟子はそれを、仁の徳に備わる力だと考えた。ここには、波及と誘引という、相補的な二つの力がある。前者の波及は、範例が持つ力によっている。見てきたように、範例は、それが控え目であればあるほど、強力に影響を及ぼす。範例は、王の人格から次々と広がり、周りを善に染めながら、世界の果てにまで至る（離婁下五「君仁莫不仁」、尽心下二〇「賢者以其昭昭、使人昭昭」、尽心下三二「修其身而天下平」）。

このように道徳性が連鎖的に伝達されることは、魔法でも何でもなく、現実の入り組んだ構造から説明できる。というのも、社会の諸段階——個人から始まり、家族や国という中間段階を経て、天下に至る——は互いに同列に並ぶのではなく、より大きい次元が、前の段階に「本」づいているからだ。したがって、より大きい次元は、内部において前の段階と通じ合っており、それをより大きく広げようとするのである

（離婁上五「天下之本在国、国之本在家、家之本在身」。『大学』の冒頭でも、この連鎖を系統立てているのを参照のこと〔格物、致知、誠意、正心、修身、斉家、治国、平天下〕）。

君子の徳は風のように伝わる

こうして影響はおのずと広がり、個人から始まって、この階梯を逆向きに最後まで上っていく。ここから統治に関する教訓を引き出すこともできる（離婁上六）。孟子は言う。政治を行なうことはそれほど難しいことではなく、重臣たちを怒らせなければよい。なぜなら、重臣たちが慕う王は、国中の誰もが慕うからだ。さらに、国中の誰もが慕う者は、天下が慕うからだ。「王の徳と教えは四海に広がり、満ち溢れる」。なお、この波及は伝令が伝える命令よりも速い（公孫丑上一「徳之流行、速於置郵而伝命」）。なぜなら、命令は、すべての言葉がそうであるように、外在的なものにとどまり、その指令は厳格さによって強制するのに対し、影響の方は、ひそかに心に染みわたり、わたしたちの存在の最深部に融け入り、無理強いすることなく、わたしたちの存在を変えていくからだ。この伝播は、目に見えずに広がって行き、しなやかで染み通るようであり、切れ目が無いが衰えを知らず、方向を与えるが重荷にはならない。それを別のイメージで言うなら、風である（『論語』顔淵一九参照）。「君子の徳は風のようで、小人の徳は草のようだ。風が吹けば、草はなびき伏す」（滕文公上二。尽心下一五「聞伯夷之風者……」も参照）。

中国人が範例性に与えた決定的な影響力を理解するには、彼らが変化の現象を重要視していたことを考慮しなければならないだろう。そして、ここでも、ヨーロッパと対照することで多くのことがわかる。西洋は、叙事詩的なモデルをもとに、英雄的な伝統によって、行為を通して効力を理解してきた。行為はそれとしては、自律的で意志的な主体に属するものだ。しかし、中国の思想家たちに言わせると、行為は、物事の流れに介入しているというだけで、それらに対する無用な干渉である。また、行為は、こちらに介入しても、あちらには介入しないために、常に局所的で、一時的であり、トロイ戦争のように、十年続くことがあっても、その影響力は限られている。このように、行為は恣意的に介入し、孤立しているため、物事の流れから際立ち、突出していて、人に注目される。だが、その外観が人目を引くのは、それがほとんど影響力を持たないこと、それが作為的で表層的であることの代償にほかならない。

ところが、それとは反対に、変化を特徴づけるのは、個人的な意志に割り当てられないこと、特定の時や場所に局所化されないことである。変化は、持続の中にあり、あらゆる場所で同時に繰り広げられる。それは孤立せず、際立つこともなく、ゆえに目に見えることもない。伝播しながらも控え目で、流れの中では気づかれないが、その効果によって姿を現すものなのだ。したがって、中国人は、行為の超越性よりも、変化の内在性を信じている。自分が老いるのは見られないし、川が河床を削るのは見られないが、こうした気づかれない推移が、自然と生命の現実をなしている。それゆえ、聖人はできるだけ無為であるが、その影響によって、自然に世界を変化させるのだ。

孟子は言う。君子の影響のもとにあると、「民は日々進歩するが、誰がそうしたのかは知らない。君子が行くところには変化が生じ、君子が居るところには目に見えない効力（神）が働く」（尽心上一三「民日遷善、而不知為之者。夫君子所過者化、所存者神」）。この次元が目に見えないのは、プロセスに際限がないことの代償にほかならない。

王の誘引する力

以上見てきた波及と逆の方向に働くのが、聖人の発揮する誘引の力である。この現象もまた魔法ではないし、幻惑や催眠術の効果によるものでもない。この現象も実用的に説明される。つまり、人々が進んで良い王のもとに赴くのは、そこに自分たちの利得を見いだすからである。しかも、誘引の力は古代末期の中国においてますます大きくなっていた。古い封建制が瓦解した結果、人々はいっそう移動しやすくなり、望むところに行けるようになっていたからである。

当時の中国は、覇を争う諸国に分かれており、大地を耕し、戦争を行なう要員としての民は、権力の重要な一部であった。そのために、どの王もあらゆる手を使って、できるだけ多くの人を自分のもとに引き寄せようとしていた。そのためには、民のことを「憂」い、特に経済面で必要な、人道的な方策を講じればよい（梁恵王上七「発政施仁」）。このことはすでに見たとおりであるが、孟子はさらに、民の状況改善に腐心すれば、各階級の民がどのようにして馳せ参じたいと感じるかも詳細に示した（公孫丑上五）。つまり、王が賢者を尊敬すれば、天下の士がみな、その朝廷に立ちたいと願うだろう。同様に、王が善を好めば、よい助言者を引き寄せられ、治が保証される。しかし、善を好まなければ、諂間を引き寄せる。彼らは自分の個人的な利だけを追い求め、王を破滅させてしまう。また、王が市場で、店の賃料は取るが、品物には税金を掛けなかったり、あるいは、市場の規則を取り決めるだけで、店の賃料すら取らなかったりすれば、天下の商人がそこに自分の財産を蔵したいと願うだろう。また、国境で、人の往来を管理するだけで、税金を掛けないなら、天下の旅行者がその道を通りたいと願うだろう。そして、農民に必要な労働しか課さず（公田の耕作のみ）、特別の税を掛けなければ、天下の農民がその土地で働きたいと願うだろう。最後に、商人から日々の租税を免除すれば、天下の住人が王の家臣になりたいと願うだろう。

こうして、様々な社会的カテゴリーの人々に仁で接すれば、王はそれに応じて自分の権力を拡大することになる。王のもとに馳せ参じる者はみな、その能力と富によって、王に利益をもたらすからだ。そして、彼らは、状況の論理にのみ突き動かされ、自ら進んでそうするために、彼らの心服は信頼が置けるし、その協力は効果的である。王の寛大さが発揮する客観的な誘引の力は、敬虔な願いや善なる感情の表現ではなく、経済に属している。そしてそれは、束縛や課税を廃止することで、まさにリベラリズムの経済に近づくのである。

4　不可避的な成功

したがって、徳の効力は、事物の力に似ていて、歴史のうちに根拠を有している。

次のイメージは、状況から出てくるこの傾向が自発的であることを物語っている。民が仁君に帰するのは、あたかも水が低きに帰するようなものだ（民帰之、由水之就下）。「帰する」とは、自然の趨勢によって、行かずにはいられないところに行くという意味である（同じイメージが、すでに見たように、わたしたちの本性が善に向かう傾向を述べるのに用いられていた）。その力は内在的であり、その帰趨は正当である。実際、善い王は避難所であり、頼みの綱である（梁恵王上六。公孫丑上一「当今之時、万乗之国、行仁政、民之悦之、猶解倒懸也」）。それと反対に、利己的で横暴な王の前からは、家臣たちが逃げていく。まるでカワウソが魚を淵に追い立てたり、ハヤブサが雀を藪に追い込んだりするかのようである（離婁上九）。ここから孟子は結論を出す。もしある君主が仁を好めば、他の君主はみな、多くの民をその君主の下に追いやるだろう。そうなれば、いくら彼が王になるまいと欲しても、王にならざるをえない（雖欲無王、不可得已）。

熟した果実

仁君は必然的に他の王に勝り、天下を治めるようになるというプロセスには抗えないと孟子は述べる。この成功は、僥倖ではなく、不可避的で、「そうならずにはいられない」、「それを妨げられない」ものである。そして、この勝利には期限までもが設定されている。たとえ小国であっても、王が文王のような政治を行なえば、七年後にはその権力が天下を覆うだろう（離婁上七、一三）。この成功を立証するために、もう一度次の考えに立ち返っておこう。真の効果は間接的であり、それは目指されるものではなく、帰結として生じるものだ。利を求める人の誤りは、世俗的な成功を直接的に望むことにある。成功を目標に置いているために、彼は、状況に力を加えて近づくことになる。そのため、決してそれには辿り着かないし、力ずくで一時的に得られた成功は、かりそめのものにすぎず、長くは続かない。

その反対に、君子の勝利が確実なものであり、それがどこまでも広がるのは、その勝利が置かれた状況から自然に出てくるものだからである。この勝利は、人が企画するプランとは異なり、危険を伴うものではなく、推移する状況に含まれている。また、これは意志を重視しているわけではなく、有利な諸要因が働くことでもたらされる。そして、これは対象として獲得されたのではないので、失われることもない。いわば、今にも落ちようとしている熟した果実なのだ。孟子は言う（離婁下一六）。「善によって人を服従させること」はできないだろう（以善服人者、未有能服人者也）。「善でさえも、所与の目標を達成する手段としては用いられない。「だが、善によって人を養う（教育する）なら、その結果天下を服従させられる」（以善養人、然後能服天下）。つまり、好ましい影響を与えれば、服従はその帰結として、おのずと生じる。そして、この服従は、真の心服に由来するために限りがない（天下不心服而王者、未之有也。公孫丑上三「以力服人者、非心服也。力不贍也。以徳服人者、中心悦而誠服也」も参照）。

したがって、結局のところ、徳の世俗的な成功は容易である。古の偉大な王たちは、徳が高かったからこそ、「労せずして」王となりえた（公孫丑下一二）。孟子は証明する。この勝利は今日ほど容易ではなかった。なぜなら当時は、善政が少なかったわけでも、民がひどい仕打ちに苦しんでいたわけでもないからだ。民は、自分たちの利得を認めてくれる王に服従することを、さほど切望していなかったのである。それなのに、なぜ今は成功しないのか。孟子は答える。仁が不仁に勝つことは、水が火に勝つように、不可避的である（告子上一八）。ところが、今あなたは、「一杯の水（わずかばかりの仁）」だけで「火の車」を消そうとしているのです……。

第13章　地は天に肩を並べる

1　仁徳による勝利

わたしたちは、効力という別の観念から始めれば十分だったのだ。効力は、間接的ではあるが自然に生じる帰結として理解される。それは目指す目標に応じているのではない。手段と目的の連関の中で、人は目標に到達しようと努力するが、それは、すぐわかるように、道徳を考えるための基盤となる区別を混乱させてしまう。なるほど、孟子は、カント的な意味での道徳の定言的な要請を十分意識していた。すなわち、道徳的な行ないは無制約な必然性に属していなければならない。それは、それ自体善いのであって、何らかの目標から見た手段として善いのではない。

道徳的な行ないの価値は、その「意図」にあり（孟子の「志」の一つの意味）、「その帰結は、どうであってもよい」（『人倫の形而上学の基礎づけ』四六頁）。しかし同時に、孟子にとってこの道徳的な要請は、見てきたように、この世界で勝利を収める最善の方法であり、世俗的な幸福をもたらす「転ばぬ先の杖」にほかならない。したがって、孟子においては、絶対的な価値のためにはこの世の利を犠牲にせよという、定言的な道徳の観点と、「幸福一般」のための「用心」である実用的な観点との対立が消え去っている〔定言的とは、一切の条件なしに、それ自体として要請されること。逆に、特定の条件の中でのみ妥当する説明を「仮言的」という〕。カントは、『人倫の形而上学の基礎づけ』の注（四七頁）で明言している。歴史が「実用的に」著わされるのは、「用心深くする時、つまりは、今の世の人々に、どうすれば以前の世の中よりも多くの利益を、あるいは少なくとも同じ利益を得ることができるかを教える時である」。だが、まさにこの実用的な歴史こそ、孟子が現在を過去に関連づけながら、王に対して著わし続けたものである。ただし、そうしながらも、孟子はその純粋な道徳的願望を手放しはしなかった。

カントとマキャベリの両立

ここには、パラドックス以上のものがある。孟子は、両立できないものを両立させようとしていたのである。孟子は王に向かって政治的な視点から語っていたのだから、この矛盾は次のように示すことができる。すなわち、孟子の努力は、絶対的な善に向かうカント的な徳 *vertu* と、マキャベリ的な力 *virtu* を、何とか一つにしようというものである。マキャベリ的な力とは、世界を支配する権力を与え、そこで勝利を収めさせるものである。孟子の問題は、マキャベリが見ていた問題と全く同じであった。諸国が並び立つ中で、「新秩序」をうち立て、権力を「獲得し」そして「保持する」にはどうすればよいのか。この道に入るや、孟子は最も先まで進み、不可能なことを試みたのである。いったい誰が、道徳的な要請と戦略的な成功とを合致させようなどと思うだろうか。それともわたしたちが誤って、徳と力の隔たりを深めてしまったのだろうか。

この論点がよりいっそう注目に値するのは、中国古代末期の「戦国」時代に、徹頭徹尾、戦略的な考察が発展していたためである。孟子は兵法家に答えるのに、彼らの武器を用いて答えた（公孫丑下一）。兵法家は、力関係を測る諸基準の中で、「道」を第一に置いている。「道」とは、民が指導者と連帯して、意を同じくしていれば、指導者のために死ぬ覚悟があり、危険を恐れないということだ（『孫子』計篇「一曰道、二曰天、三曰地、四曰将、五曰法。道者、令民与上同意也、故可以与之死、可以与之生、而不畏危」）。次が「天」、すなわち気候条件である（時期を決める）。そしてその後が「地」、すなわち地理的条件である（地の利を左右する）。ところが、実際にはそうではない。孟子は包囲戦を例に取って次のように指摘した。ある場所を包囲できたとしたら、それは時宜を得ていたからである（天）。しかし、そうであってもその場所を攻略できないとしたら、地の利を得ていなかったからである（地）。これは、天の時が地の利に及ばない証左である。いま、城壁が高く、濠も深く、守備兵が十分武装していて、蓄えも豊富な堅固な場所を考えてみよう。しかし、それにもかかわらず、住人がそこを捨てて逃げることがある。これは、地の利が人の和に及ばない証左である。あなたがた兵法家自身、「道」を首位に置いているのだから、道徳的な要素が優れていることを認めておられる。道徳的な道に従い、民の一致した支持を手に入れる者は、「助けが多い」。そして最後には、天下の人々が支える。逆に、民の支えを失えば、その人の親族も最後にはその人を棄ててしまうだろう。こうした力関係が、紛争を解決するのは疑うべくもない。道徳的な和合によって天下の支持を得ている人が、自分の親族にまで見捨てられた人を攻めれば、戦うまでもなく、あるいは戦ったとしても、必ず勝つのである。

容易な勝利

ヨーロッパでよく知られた、軍隊同士の対決や「隊列を組んだ会戦」といった戦争の伝統とは反対に、中国の「兵法」は、戦闘が始まる前に、力関係を有利に傾けておき、戦いが始まった時には、前もって勝利しているようにする。したがって、その勝利は、僥倖によるものでも、破壊を招くものでもない。だからこそ、中国の古い兵書には、優れた将軍は「容易な」勝利しか収めず、賞賛されるべき偉業などないと述べられているのだ（『孫子』形篇「古之所謂善戦者、勝於易勝者也。故善戦者之勝也、無智名、無勇功」）。そのために、すでに指摘した通り、中国では叙事詩が作られなかった。敵対するプロセスの手前で、有利な条件を整えておけば（たとえば、敵を疲れさせ動けなくする）、勝利に至る道がおのずと続くだろう。さて、孟子は、こうした間接的な効力という概念を、拒むどころか、ラディカルにして応用したのである。仁君が唯一望むことは、民を一つにまとめ上げることである。道徳的要素は、こうした仁君に有利に働くので、それが他の要素に先んじて行使されると、紛争の可能性まで取り除いてしまう。孟子は、このように戦略の論理を極限化することで、一切の戦略なしで済ますことができたのである。軍隊を配置したり、戦闘を指揮する技術は無用になる（尽心下四「有人曰、「我善為陳、我善為戦」、大罪也。国君好仁、天下無敵焉」)。その他の諸条件を先読みしておけば、仁の徳だけで十分勝利できるのだ。

だが、もし道徳の道に従い、人々の心服から益を得てみずからを増強しようとしている矢先に、強大な隣国が先手を打って攻撃をしかけてきたらどうなのか(滕文公下五)。このスコラ的な事例に対して、孟子は、かつて殷王朝がどのように創設されたかを示すことで答えた。創設者である湯《とう》王の隣国に、放埒な王がおり、祭祀さえ行なわなかった。犠牲に捧げるべきものがないというのがその口実であった。湯は、牛と羊を届けさせたが、放蕩なる王はそれを供えずに、貪《むさぼ》り食ってしまった。次に、湯は祭祀に必要な物資を調達してやったが、その王は食糧を届けようとした子供の一人を殺してしまった。そのため、湯はこの殺害を受けて、その王を征伐しに出かけたが、天下の誰もが「これは富を得ようとしてではなく、子供の親に代わって復讐するためだ」と考えたのである。この場合、戦争は「義《ただ》しい」(尽心下二「義戦」)。それゆえ、この討伐軍は全く抵抗に遭わなかったし、ここから、湯はその権威を天下に広げていくことができた(梁恵王下一一)。それだけ多くの人々が、至るところで、いまかいまかと善政の恩沢を被ることを待ち望んでいたのである。残忍な世界に仁君がやって来ることは、干天の慈雨の如く切望されているのである(民望之、若大旱之望雲霓也)。孟子は、最終的にはこうまで述べた(梁恵王上五)。真に仁なる王は、「杖だけで」、最も装備の整った軍隊をはねのけることができるだろう（王如施仁政於民、……可使制梃以撻秦楚之堅甲利兵矣）。

2 王朝の創設

結局は、孟子の徳も、マキャベリの力のように、勝利に導く。しかし、それはマキャベリとは正反対にである。マキャベリも、国の創設者のケースを考察していた。その時、マキャベリが指摘したのは、創設者たちは常に暴力と殺人を用いていたのに、いったん王権を確立すると、その暴力は忘れ去られ、徳の栄光で飾られ、彼らの権力が正当だと認められていくということである。どんな力の一撃が新秩序をうち立てたのか、そしてそれが後でどう入念に隠されたかを示すことで、マキャベリは歴史を脱神秘化した。ところが、孟子はその反対に、力に依ることを何とか最小限に減らそうとする（とりわけ、文王の後継者であり、周の創設者であるが、「武」と名付けられた武王に対して）。道徳は、事後の理念化によって生じるのではなく、その影響は最初からなのだ。

始まりの徳

　しかし、マキャベリと孟子は次の点では一致する。マキャベリも、偉大な創設者たちが成功したのは、「時の利」を得たからだと認めているのである。とはいえ、マキャベリは、運命 *fortuna* と争う王の力 *virtu* の方がより重要だと考えていたので、王朝創設の場面に対しては、重要なのは「時の利」なのか、王の力なのかは断定しない。つまり、キュロス（アケメネス朝ペルシアの創設者）がメディアの人々を服従させたり、テーセウス（アテネの王）が散り散りのアテネの人々を結集したり、ロームルス（ローマの建国者）がラティウムの流浪する者や追放された人々に支持されたといったことに対して、あまりはっきりした態度を取らない。ルネッサンス人であるマキャベリには、創設者とは、欠陥があり、混沌としていて、本来的に無秩序な人間という素材を加工し、自分の革新的なプランに応じて、それに形を与え、力によって形を刻みつける者だと映っていた。ここでもまた、わたしたちは、ある観念から発し、意志に支えられる、デミウルゴス的な創造行為の側（ヨーロッパの側）にいる。人はそれによって、世界に対峙するし、そのために身を滅ぼしさえもする。スペインで戦死した中部イタリアの僭主、チェーザレ・ボルジアのように。

　反対に、中国の側では、形式と質料＝素材はいささかも関係づけられることがなく、善い王はいかなるプランであれ世界に投影しないし、ほとんど自ら働きかけない（王は仁でありさえすればよい）。新秩序の創設は、行動ではなく、プロセスの範疇に属している。それゆえ、孟子にとって、王朝の始まりは、運命によって開かれた機会や、王が巧みに摑まえる好機以上のものである。始まりに仁が欠けていたことが、その後に続く変遷を可能にする条件なのである。もう一度言えば、中国では不可避的な帰結の論理が、ギリシアの蓋然的でしかない合目的性の秩序に対置されている。だからこそ、徳があれば物事の流れを十分規定でき、高度な力業など不要なのである。また、権威は、道徳的な条件設定から自然と得られるのだから、力に依拠することは最小限で済む(*)。

（＊）孟子の思想は、マキャベリの思想の対極にあるため、それを西洋でのマキャベリズムに対する道徳的な批判と比べると、その重要性がより際立つ。なかでも、啓蒙の精神の代表者であるフリードリヒ二世の『反マキャベリ論』（ヴォルテールが一七四〇年にその序文を書いて出版した）と比べると面白い。フリードリヒ二世は、孟子のように、「人間性（仁）」と暴力を対立させ、背徳的な王の行ないが最後には自分にはね返ってくることを何としても示そうとした。だが、政治における背徳主義への彼の痛烈な攻撃は、孟子に認められるのとは異なり、間接的な効力や条件設定から出てくるプロセスの分析に依拠していない。そのため、その徳の擁護は、マキャベリの実用的な立場を全く傷つけず、ありふれた人間主義的なレトリックに終始している。

つまり、孟子の長所は、おそらく誰よりも巧みに、道徳的な支配力を力関係に組み込み、それが力よりも効果的な要素だとしたことにあり、もう一つは、同意の重要性を、目立たないが決定的であるとして、重んじたことにある（同意はプロセスへの着目と関連している）。孟子の時代の政治学のカテゴリーでは、力による勝利は「覇道」であり（以力仮仁者覇）、いつも一時的で限られたものである。道徳性による勝利だけが、真の「王道」であって（以徳行仁者王）、持続できる（公孫丑上三）。

とはいえ、孟子の思想には、否認という重大な作業が刻み込まれているように見える。通常であれば、孟子は伝統を大いに尊重している。それなのに、『書経』に記された王朝創設にまつわる血みどろの戦いには、「信」を置いていない（尽心下三「尽信書、則不如無書。……以至仁伐至不仁、而何其血之流杵也」）。孟子は、次のような主張が疑われるのが許せなかったのだ。この主張は孟子の政治的なモットーにまでなっていて、彼が繰り返し口にしているものだ。すなわち、「仁君は天下に敵対者がいない」（梁恵王上五「仁者無敵。王請勿疑」）（敵 *ennemi* ではなく敵対者 *adversaire* と訳すのは、内面を純粋化して一切の敵意を無くすことが問題ではなく、見てきたように、力の上で抵抗できないということが問題だからである）。

ところが、この原則は、一般的な主張として見ると、事実によって担保できるものではない。一見するかぎり、多くの事実がむしろその反対の事態を証言している。これでは、経験を物ともせずに、信仰箇条になっているようである。だが、この定式が誇張かどうかが問題なのではない。それは、孟子の主題の核心にあり、修辞的な逃げ場をつくったり、逃げ道に用いられたりするものではない。わたしたちは、これを一つの絶対的な基礎づけとして認める必要があるのだ。だが、そうすると、どこからこの原則は権威づけられるのか、何の名によって、いやむしろ何を基礎として、孟子はこう主張できるのだろうか。

3　地上の天

この絶対的な基礎づけは、事実の中に一挙に与えられるのでも、どこか真なる他の場所から到来するのでもない。これが、その独自性である。孟子は、世界を二分化できなかったため、道徳が根ざす形而上学的な背景を想定できなかった。また、存在＝神学の支えもなかったため（古典中国語には、「である」という動詞すらなかった）、永遠の真なる存在の上に当為を据え付けることも、神の観念の中に善の概念をつなぎ止めることもできなかった。しかしその代わりに、孟子は、古い宗教的な伝統からもたらされた天の観念の中に、無制約なものを認め、それによって天についての考えを徹底し、絶対者に至ることができたのである。天は、無限に広がっているのに、間近で瞬いて見えるし、底知れぬ深さを持つのに、本性の内に組み込まれている（『中庸』二六章「今夫天、斯昭昭之多、及其無窮也、日月星辰繋焉、万物覆焉」）。天は地平の彼方であり、あらゆる経験を越えている。天は、世界の底無しの根底だが、世界から切り離されてはいない。天はまた、あらゆる現象が繰り広げられる場所だが、理論的思弁の対象でもないし、ドグマ的な内容も含んでいない。これが神の観念とは異なる点である。つまり、天は、経験を超越してはいるが、目に見えて現れることをやめはしないし、プロセスの論理から離れることもないのである。

天吏としての王

このことを確かめるために、先ほどの議論をもう一度取り上げてみよう。孟子は王に語っていた（公孫丑上五）。あなたの仁政のもとで幸福になれると踏めば、あらゆる階層の民があなたのもとへやって参ります。もしそうなれば、近隣諸国は攻め込めないなくなり、「天下に敵対者がいなくなるでしょう」。ところで、天下に敵対者がいない人は、「天吏」です。「こうした状況で、王でなかった者などおりません」（無敵於天下者、天吏也。然而不王者、未之有也）。天は、世界の諸過程の外にあるのではなく、諸過程を調整した総計なのだ。そのため、仁なる行ないが、偏らず利己的でもなく、共通の利益に完全に合致すると、それは天の理に出会い、別の次元を獲得する。つまり、この時、その人は「天吏」である（だが、これは天の使いである天使ではない）。「天吏」という概念は、職能的であって、メシア的ではない）。その人は、天下の一致した支持を得て、天のプロセスと一つになっているために、ここに最も強い意味での「治」がもたらされる。だから、伝統的に、中国人はその人を「天子」と呼んできたのである。

なるほど、超越はある。それは「天」であり、わたしたちの地平の彼方である。しかし、天そのものである調整された流れ＝運行が、人間の世界とは別の世界ではない以上、この天の超越は、人間の世界に内在する根元に転換される。それは、物事に理を与える底無しの根元であり、結局は本性と同じである。ここで孟子が二種類の「爵位」を区別していたことを思いだそう。天から与えられた自然的な爵位（仁、義、忠など）と、人から与えられた社会的な爵位（公、卿、大夫）である。孟子はこう続けていた（告子上一六）。「古の人は、天から与えられた爵位を修めると、人間的な爵位がそれに続いてきた。しかし、今の人は、天から与えられた爵位を修めることによって、人間的な爵位を得ようとし、それを得ると、天から与えられた爵位の方を棄ててしまう」。孟子はこう結論する。これは甚だしい惑いであり、彼らは、最後にはきっと滅びてしまうだろう。

この説明が巧妙なのは、道徳的価値の超越性（天から与えられた爵位）と、実用的な観点から見たその効力（道徳的価値に続いて社会的爵位を割り振ることでもたらされる効力）とを両立させているからだ。つまり、道徳的価値をそれ自身のために修めることで、間接的にこの世の権力が得られる。徳には、成功に導く力があるのだ。ところがその反対に、世俗的な成功を目指し、利害関心によって道徳的な価値を修めても、その成功は一時的なものであり、真正のものではない。それは、利害関心にもとづくため、背徳的で、意図的で、駆け引きから生じるため、人為的であり、したがって、最初からうまくいく見込みがない。その反対に、徳がもたらす間接的な成功は、完璧に道徳的である（仮言的命法のように、それは目的ではないからだ）と同時に、絶対に自然的である。ここで「天」という絶対者に再び結びつく。この成功は、状況からおのずと生じる帰結なのだ。この世俗的な成功は正当であり、また、それだけが現実的であり、持続可能である。それは、付帯的な現象ではなく、物事の流れに根ざしている。また、それは、個人の企画によって状況を打破することからではなく、状況から自然に、没個人的に、内在的に生じるもので、プロセスの論理だけから導かれる。

さて、以上のように自然的なものと道徳的なものが両立できれば、その帰結は極めて重要である。孟子は、天と地を対立させず、すなわち、この世の不正を償う天の国を措定せずに、天と地の二つの次元を対にした。つまり、物事が現実化する段階である地は、天からの命令（天命）を推進して具現化する。もしくは、地上のものは、条件を設定することによって（なぜなら、それは個体化の場所であるから）、無制約者（天）を延長するのである。つまり、「地」が、正当なものとして認められているのである。

乱も天の中

だが、そうだとすると、地上に荒れ狂う暴力の猛威や、不正の状況をどうすればよいのだろうか。孟子も、治と乱、道徳的と不道徳的という、世界の二つの状態を区別しないわけにはいかないが、この二つを分離することは拒む。孟子は述べる。「天下に道があれば、小徳は大徳に使われ、小賢は大賢に使われる。天下に道がなければ、小さいものが大きいものに使われ、弱いものが強いものに使われる」。ところが、この二つのケースは「どちらも天のことである」（離婁上七「斯二者天也」）。つまり、たとえ純粋な力関係であっても、現実の全体的な論理（これは、プロセスの全体性としての天の概念に含まれている）に組み込まれている。それがどれだけ期待に背くものであっても、それは最小限の秩序（ヒエラルキーによる中国的な秩序）を構成しており、別のところに別の秩序を求めることはない。

それゆえ、孟子は、そっけなくわずかの感情も見せずに、こう結論づけることができた。「天に順《したが》う者（純粋な力関係もここに含まれている）は存し、天に逆らう者は亡びる」。このことは、王について論じた別のところでより正確に述べられたが、そこでの定式は、古い宗教的な根元からあまり純化されてはいない。「大きいものが小さいものに事《つか》えるのは天を楽しみ、小さいものが大きいものに事えるのは天を畏れる。天を楽しむ者は天下を保ち、天を畏れる者は自分の国を保つ」。なぜなら、天を楽しむ者は十全に「仁」であるが（梁恵王下三「惟仁者為能以大事小」）、天を畏れる者は「智」にすぎないからだ（惟智者為能以小事大）。だが、この二つの態度はどちらも正当化される。抗い難い大きな力に使われることも、道徳的なのだ。

これを、孟子は、ある王の言葉を引いて説明する。ある王はこう言った。もし、わたしが他人に命令することも、他人の命令を受けることもできないとすれば、そのときわたしは現実から断ち切られることになる。滅亡は必定である。ここで孟子は結論する。強い者に甘んじて従属するか、古の聖王のように振る舞って、道徳によって自分の国を次第に拡大していくか、いずれかしかない（離婁上七「如恥之、莫若師文王」）。

孟子はこの二者択一によって、二つのことを同時に手にした。一つは、力関係もまた物事の理の一部だと示すことで、この世界の全体的な整合性を破り、別の世界に訴えてしまいかねないもの（たとえば世界を二分化すること）を、事前に一切排除できた。そして同時にもう一つ、道徳がこの世界で効力を有し、実用的な力を持つことを、二度と疑わせなかったのである。

4　民は天を代弁する

孟子は、このように「天」を哲学的に合理化し、同じ一つの理の中で、地と対になっていることを示したため、「民」を地上におけるその代弁者として認めることになった。西洋にも、「民の声は、神の声」という格言があるが、孟子はそれを理論にしたのである（万章上五）。孟子によると、天子は天下を自分の継承者に与えるのではなく、後継候補者を天に推薦するにとどまる（天子能薦人於天、不能使天与之天下）。

だが、天は「もの言わず」、天の承認は、その人の行事《こうじ》が、民に是認されたかどうかによって示される。つまり、後継者と目された人が祭りをつかさどった時に、供物がつつがなく受け入れられるかどうか、また、その人が諸事を指揮した時に、それらがうまく治まって、民がそれに安んじているかどうかで示される。うまくいけば、天がその人を実際に任命したということだ。孟子は、次の古い定式にすべてを委ねた。「天の視るはわが民の視るにより、天の聞くはわが民の聞くによる」（『書経』泰誓）。堯が崩じた時、舜は後継者に任命されていたにもかかわらず、遠くに退いて、位を亡き堯の息子に譲った。ところが、天下の諸侯は、堯の息子ではなく舜のもとへ行き、訴訟を起こす者は舜に訴え、賞賛を受けるのも舜であった。こうした民の自発的な賛同を見れば、天下が誰に帰しているかは十分示されている。

民に尋ねよ

さて、「天」の表現としての民の是認は、虚構でもなければ、遠い昔のものでもない。孟子はそれに積極的な内容を与えようとした（梁恵王下七）。孟子は王に言う。登用や弾劾については、左右の者がみな賛同し、諸大夫もみな賛同しても、まだ決めてはなりません。国中の民が賛同してはじめて、当該の問題を審察して、裁可するべきです（国人皆日賢、然後察之、見賢焉、然後用之）。民意は究極的で最も決定的な基準であり、それこそが最終的に決着をつけるものである。見事な戦《いくさ》によって隣国を攻め落とした王が、その併合に躊躇していた（梁恵王下一〇）。その王は孟子に述べる。もしこの領土を取らなければ、征討軍にあれだけ明らかに味方してくれた天の災いがありはしないか。しかし、もし取ってしまったら、他の諸侯たちに反撃されるのではないか。孟子は答える。それを決めるのは難しいことではありません。民があなたを喜んで受け入れ、王の到来を望むかどうかを見ればよいのです。もしそうであれば、あなたは治められるし（取之而燕民悦、則取之）、そうでなければ、状況はまた「運《めぐ》り」（亦運而已矣）、この征伐もあなたの手から逃げていくのです。(*)

（*）次節（梁恵王下一一）で、孟子は、征服されたばかりの民に君主を置くのを、「衆に」（あるいは「衆の居るところで」）「謀る」べきだと付け加えている（謀於燕衆）。したがって、民は、自分の王の選択に関わっているわけだが、孟子の表現は不明確にとどまっていたため、民に相談するというこの考えが、中国において制度的な形態を取ることはなかった。

孟子は、天が保証する民意という原則を、恐れることなくその最終的な結論とした。民意は、王が退位した方がよいとなれば、王を退位させるのである。孟子は尊大な斉王に、遠回しに述べた（梁恵王下六）。あなたの家臣が旅に出た時に、自分の家族を友達にあずけたとしましょう。帰ってみると、家族は飢え、凍えていました。その人はどうするでしょうか。「その友人を棄てるだろう」。では、役人の長が役人たちを治められないとしたら、あなたはその人をどうしますか。「辞めさせるだろう」。では、「国内がうまく治まっていないなら、どうしますか」。この時、王は「目を背けて別のことを話した」。その当てこすりが誰に向けられているのかがよくわかっていたのである。

他日、今度はその王の方が孟子を困らせようとした（梁恵王下八）。王朝創設者の聖人たちの中には、自分の主君を放逐したり、征伐したりした者がいたであろう。これに孟子は異議を唱えなかった。王は言う、「では、家臣が自分の君主を殺してもよいのだろうか」。孟子はいつものように、よどみなく反論した。仁を損なう者は盗賊であり、盗賊であるかぎり、その者は一個人にすぎません。創設者の聖人たちは一個人を懲らしめたのであって、先君を懲らしめたのではありません（聞誅一夫紂矣、未聞弑君也）[*]。

(＊) こうして孟子は次のヒエラルキーを立てることになった（尽心下一四）。民が最も「貴」であり、社稷がそれに次ぎ、君主は最も「軽い」。したがって、権威の最終的な源泉は、民の中にあるのだと、解釈したくなる。「天子に認められて」王となり、その「王に認められて」大夫となるのだが、その天子は「田野の民に認められて」天子となる。王が社稷を危うくすれば、王を置き換えることができる。さらには、社稷が大災害を避けられなければ、それを置き換えることができるとも言うのである。

孟子は中国において、民を政治的事象の「基礎」とする点で、最も先進的であった。その「基礎」は、天という基礎に通じ、それに応じているだけに、正当なものである。あらゆる事象は、天から生じるからである。しかしその孟子も、民が「本」であるだけでなく、また「主」でもあろうとする政治制度（ルソー的な意味での「主」であって、「本」ではない）[31]を考えるには、もう一歩踏み込めなかった。それは中国において、君主制以外の政治形態が想像されていなかったからである。異なる諸政体を比較することは、西洋ではギリシア以来馴染み深いが、中国人の琴線に触れるものではなかった。そのため、孟子は民主的な諸制度が何であるのか（同時代のギリシアではすでに確立され議論された制度であり、選挙や議会制度が問題となっていた）について、わずかの考えもなかった。したがって、民意は、確固とした地位を与えられず、正規の権力として示されなかったのである。民意は、天の命令を代理するにもかかわらず、中国全史を通して、その意見が求められたことはなかった。そして孟子自身も、あれだけ先進的に道徳の自律的な基礎づけを考えていたのに、その後は、後退を余儀なくされたのである。

第14章　これは中国的教理《カテキスム》ではない

1　孟子の後退

最初に立てられた原則に戻ろう。孟子はこう述べていた。人を愛しても、その人に親しまれないなら、わたしは自らに反《かえ》り、自分の「仁」を反省する。また、人に礼を尽くしても、その人が応えてくれないなら、わたしは自らに反り、自分が払った「敬」を反省する（離婁上四）。そして、孟子はこの点では普遍化を恐れない。すなわち、行なっても思うような結果を「得られない」時は、「常に自らに反り、その理由を求めなければならない」。この主張は留保の無いもので、この話題はここで終わり、徳とその帰結は一致するとして、安心して閉じられている。

ところが、別の章でこの原則が再び取り上げられると、孟子はその主題を自問したのである（離婁下二八）。「恒」なる規則では、人を愛するものは人に愛され、人を敬するものは人に敬せられる（愛人者人恒愛之、敬人者人恒敬之）。だが、ある人が、逆のやり方でわたしを扱ったとしよう。君子であれば、わたしは必ず「自らに反り」、きっとわたしに不仁や、無礼な点があったのだと思うだろう。そうでなければ、こんなことが生じるはずがない。ところが、自らに立ち返ってみても、わたしは仁であり、礼であった。それなのに、その人が相変わらず敵意を示しているとしよう。君子は再び自らに反り、自分がきっと忠でなかったからだと思うだろう。だが、そこでもし、わたしが忠であったのに、その人がなおもわたしを手ひどく扱ったとしたらどうだろうか。

悪を患わない

ここまで来れば、孟子は、他者の非道の中に悪（「根源悪」としての悪）を認めることもできただろう。また、君子がこの世界で犠牲となった不正を、裁きによって贖《あがな》う別の審級（別の世界や別の生）に訴えることもできただろう。突然に自我を自分の前に置き、内面的な言説に着手し、主観性の領野を認めていくことで、孟子は、別の諸要請を見いだすところまで手が届いていたかに見えるのだ。しかしながら、孟子の考察は別の道を採った。孟子はこう続けたのである。君子にとって、その者は「妄人」にすぎず、「禽獣」と変わらない。したがって、その者について悩むことなどない（此亦妄人也已矣、如此則与禽獣奚択哉。於禽獣又何難焉）、と。そして、この解決策は、先に見た次の対立に繋がっていく。君子は終身「憂うる」が、「一朝の患《わずら》い」はないというものだ（如有一朝之患、則君子不患矣）。君子が終身憂うるのは、自分をたえず聖賢と引き比べて、その水準に到達しようとするからだ。孟子はここで急に結論に向かう。しかし、一朝の「患い」がないのは、それがあったとしても、他人から受けた手ひどい扱いのように、君子は「それを患いとしない」からだ。つまり、こう言っているのである。君子が唯一「憂う」のは、自らの内的な完成であって、それは道徳的な憂いである。ところが、「患い」は、他人の反応や、世界が君子の行ないに対して定める命運から来るもので、君子はそれを知らない。これは、孟子が他人の反応という話題を追求していくうちに、話を変えてしまったということではないだろうか。これは、ひそやかな変更ではあるが――それを示すいかなる譲歩表現もない――、ある重要な後退に繋がっている。つまり、幸福と徳は必ずこの世界において一致する、しかもこの世界だけでという、最も一般的な命題に例外があるという危険が生じたのである。すなわち、わたしが徳を有していても、他人に影響を与え、他人を教化するのに失敗するかもしれない、という例外である。

十八世紀に西洋では、「中国教理問答」を著わすことが流行していた。中国では、士人たちが天の理を信頼しているために、いかなるドグマも必要とせず、自然な解決策としての道徳に従っているというものだ。だが、こうしたヴォルテール風の中国的教理など、現に存在していないし、存在しえない。確かに、西洋が、特に古典主義の時代に、精神の矛盾（すなわち、信仰と理性の真っ向からの対立）を、形式論理に基づいて強調したのに対して、中国人はそうはしなかった。しかし、そうであっても、ここで次々に提示されている諸概念は、対決してはいないにしても、両立できるものではない。また、話の不連続性も、智慧の言葉の持つ魅力ではあるが、もはやこれ以上はその裂け目を隠し通せない。見てきたように、その裂け目は悪の問題から姿を現したのだが、西洋が発明した二元論的な解決策（西洋ではここから意志、神、自由が要請される）を拒んでいるうちに、それは広がり続け、最初に出した立場を守り切れないまでになったのである。

孟子のストア的後退

徳には「得る」力があり、成功が約束されている。この攻撃的な命題をもはや維持できなくなった時、孟子は、すでに孔子がそうしていたように（万章上八）、「命」（運命）の議論に退却した。この戦術は、西洋では見慣れたものだ。この退却は、ストア的だからだ。見慣れたというのは、ここで次のような区別が用いられているからである。人が「憂う」べき唯一の価値は道徳的な善であり、外の世界からやって来る患いや、出来事の結末に対しては、「患う」ことならできる（すなわち、自分だけ禁欲して自然に従えば、自分は幸福を得られる。それ以外の外からやってくる運命について関知しないというストイシズム）。また、それが見慣れているのは、ここで孟子という人が、自分をどう表象しているかを論じ、自らに語っているからだ。だが、この内面的な話も、決断の地点に至ると、心の逡巡を説くどころかむしろそれを抑えるように働く。これもまたストア的である（ストア派とは、人間を小宇宙ととらえ、自然との合致を理想とし、情欲に流されない「不動心《アタラクシア》」を説くギリシア・ローマ時代の学派。ゼノンやセネカなどが代表的な人物）。

孟子は徳の不成功を防ぐためにストア的になったことで、当然ながら、自分の中にあるものとそうではないもの、という基本的な対立を再び導入していった。「孟子は言う。求めれば得られるが、棄てておくと失うという場合、求めることが得ることに役立つわけだが、それは自分の中にあるものを求めているからである。それに反して、求めるのに色々と規則があって、得られるかどうかも運命によっている場合には、求めることが得ることに役立っていないわけだが、それは自分の外にあるものを求めているからである」（尽心上三「孟子曰、「求則得之、舎則失之。是求有益於得也。求在我者也。求之有道。得之有命。是求無益於得也。求在外者也」」）。「自分の中に」というのは、求めている最高の善である道徳的な諸徳が、わたしの本性の中に潜在的にあり、それらを得るかどうかはわたし次第であるという意味である。その反対に、富や権力といった外的な財産は、どんな方法を用いて求めても、わたしの思い通りには得られない。

かくして孟子は、言葉の伝統的な対立を転倒することになる（尽心下二四）。通常、人々は感官の欲望を「本性」だと言うが、実はそれらは部分的に運命を含んでいるので（なぜならそれらが充足されるかどうかは、外的な条件に左右されるから）、君子は欲望を「本性だとは言わない」（有命焉。君子不謂性也）。ところが、反対に、人々は道徳的な諸徳は運命に属していると言うが、実はそれらの中には本性に関わるものがあり（なぜならそれらは万人の中に潜勢態として存在しているから）、そのため君子は諸徳を「運命だとは言わない」（有性焉。君子不謂命也）。なにしろ、君子が自分の力で、徳にまで到達できることは確かだからである。

それとは逆に、自分の中にないものについては、それが偶然自分のもとに転がり込んできたかのように、受け取るべきだと言う。孟子は、道徳性を、物事の秩序に対する同意と定義するに至ったのである。つまり、君子は「法を行なって、その運命を俟《ま》つのみ」（尽心下三三「君子行法、以俟命而已矣」）である。ここで例外的に現れた「法」という概念は、自然の大法則に近いものであろう。つまり、ストア派の言うノモスである。しかしながら、中国では、法を実際に適用することが、仁の理想ではない。注釈者たちが強調するように、ここでは、もって生まれた本性に戻ろうとする君子が問題になっているのであって（朱熹「反之者、修為以復其性、而至於聖人也」）、道徳性が自発的なものになっていて、どんな規範からも自由になった聖人が問題なのではない（性者、得全於天、無所汙壊、不仮修為、聖之至也）。

同様に、運命という概念も曖昧である。それは外から到来するもの、人が「俟つ」もの、自分の中にないものを意味しているが、またそれとともに、それを果たすように呼び求められていて、わたしたちの行き先をなしている、使命を意味してもいるのだ（ドイツ語では、*Schicksal*「宿命」ではなく、*Bestimmung*「使命」である）。孟子にとって、この「命」の定める行き先は本性の行き先であって、現実の大いなるプロセス（天命）に由来するが、それを引き受けるのはわたしたちの責任であるようなものである。このように、孟子は、運命の二つの意味を結びつけながら、そこに一方から他方への前進を導き入れたのだ。「夭逝するか天寿を全うするかで悩んでも仕方がない。身を道徳的に修めて、来るべき時を俟てば、自分の運命を立てることができる」（尽心上一）。

　孟子は、運命を積極的に引き受けることを強調する。それは、思いがけず手に入る籤《くじ》のようなものではない。運命は自分の本性の始まりにあり、わたしたちはそれを展開するように呼び求められている。こう考えたために、孟子は正しい運命（正命）について語った（尽心上二）。ある命令が、万人の生を貫きそれを促進している実在の根元から到来する。各人はその運命に「順《したが》」い、それを「正」しく「受」けよ（莫非命也。順受其正）。運命を遮《さえぎ》ったり、見失ったり、逸らしたりしてはならない。運命に応じて、わたしたちの才能に開かれている「道」を、「死」ぬまで尽くすことだ（尽其道而死者、正命也）。それは、崩れそうな壁の側に立って、無意味な危険を冒すことではない（是故知命者、不立乎巌牆之下）。また、罪人が、罪のために手枷足枷の刑で死ぬことでもない（桎梏死者、非正命也）。運命に関して、孟子は決定論や、それに対する自由の問題を立てているのではない。そうではなく、運命を全うすることを要求することで、孟子は、運命に対する最も大きな責任を引き受けることを目指しているのである。

2　ストイシズムの幸福

孟子の「ストイシズム」は、二つの意味で示唆的である。まずそれは、中国とヨーロッパで全く関係を持たずに発展した思想のへだたりを、どう理解すればよいのかを教えてくれる。両者のへだたりは、現実を可知的なものにするための論理の違いにのみ起因している。とはいえ、ギリシア人も、ストア派とともに、世界を二つに分けることをやめ、存在と生成を対立させなくなっていった。そして、ピュシスとしての自然が、彼らには現実のすべてと映り、それを外的原因として、すべての出来事の推移を規定したのである。そして中国でも、孟子のような思想家が、徳は不可避的に世俗的な効果を有するという主題を、体系的に弁護しなくなった。そうして、行ないが成功するかどうかは、外的な物事の流れに左右されると考えたのだ。ここに、世界の大いなるプロセスの超越性と「天」の計り知れない決定が再び現れたのである。こうして、両者の観点は互いに合致することになった。

そしてまた、孟子の「ストイシズム」は、ストイシズムの言う普遍性が仮定的なものであることを教えてくれる。ストイシズムは、悲嘆に満ちた世界の中で、まず何を行なうべきかに関心を向けていた（ギリシアと中国の二つの世界は、古代末期に危機に陥っていた）。そのために、ストイシズムは、最も有用的な仕方で、道徳の自律を表していたのである。さらに付け加えると、十七、十八世紀に中国に布教を行なったキリスト教の伝道師たちによると、中国の士人に差し出した作品の中で、最も歓迎されたのは、明らかにストイシズムに着想を得たものであった。

孟子とストア派の間には多くの一致点があるが、それは、どんな選択を行なっているかという点から見ても確認できる。まず、両者とも、実在＝「自然」（ストア派では「外的」な自然と「内的」な自然、中国では「天」とそれに由来する人間の本性）に対しては、ダイナミックで統一的な見方を共有している。次に、自然の理という考えでも一致している。ストア派では、世界を治める理性は、世界の働きの外にあるのではなく、没個人的で内在的な原理として広がっている。そして、両者とも、聖人を仁（人間性）の超越的な規範として特別視し、聖人には自らを絶対者にまで高める力があるとみなしている。最後に、両者とも、人間の行ないは、世界のすべてに関与するとして、道徳的な善は人間の共同体に対する善であり、個人の利益を越えて、全員の善を目指すものだと考えるのである（ギリシア語では *koinonikon*〔共有財産〕、孟子では「同」、その後では「公」である）。

内面的な平静

孟子は、徳の世俗的な成功という命題から後退すると、その代案として、「ストイシズム」の永遠の諸徳に訴えた。世界を二つに分けるのではなく、事例を二つに分け、不如意な状況に応じたストア的見方を立てて、孟子はこれを切り抜けようとする（尽心上九）。一つは、徳がこの世界で効果を「得」て、万人に恩沢を与えている事例（古之人得志、沢加於民）。もう一つは、君子が困窮したままで人から忘れられているが、義を失っていないために、少なくとも「己を得」ている事例である（窮不失義、故士得己焉）。孟子は、ギリシアの心理学が有していた豊富な道具を使えなかったために、ストア派のように、「自我」を「境界画定」し、「心の砦」で自我を守り、「難攻不落」にするという考えは発展できなかったものの、道徳的な自己充足が必要だということは示唆している。同じように、徳性に欠けた人は「使役される」（不仁不智無礼無義、人役也)というストア的な考えにも触れてはいるが、それを自由の観念に根拠づけられなかったために、これもまたそれ以上には展開できなかった(公孫丑上七)。

その代わりに、ストア固有の主題のひとつである、内面的な平静(不動心、アタラクシア)についてては、存分に論じている(公孫丑上二)。ある弟子が尋ねた。もし先生が強国斉の宰相の地位を得て、それによって道を行ない、天下を制覇できるとすれば、心を動かされませんか。孟子は答える。わたしは四十になってから、何にも心を動かされなくなったのだ(我四十不動心)。では、どうすればこの平静さを得ることができるのだろうか。まず、初歩的な段階の「勇」は、わずかでも攻撃されると、相手の身分や力を考慮せずに反撃する。その上の段階の「勇」は、勝敗の行方を気にもかけず、自分の決心だけで強敵に立ち向かう。だが、最高の段階の「勇」である「大勇」は異なる。それは、自らに反《かえ》り、間違っていればたとえ卑賤な者に対しても、それを認め、正しければ千万人の大勢に対しても、自分の立場を擁護する(自反而不縮、雖褐寛博、吾不惴焉。自反而縮、雖千万人、吾往矣)。勇気の階梯を上れば上るほど、それは他人に因るものではなくなり、ますます内面的になり、道徳的になるのである。

さまざまな形容がストイシズムにある中、カントはこう述べていた。ストイシズムの特性は、幸福の感情が徳の意識の中に含まれていることだ（『実践理性批判』二八七頁）。孟子もまた、徳が必ず世俗的な幸福をもたらすという考えを強く支持できなくなると、ここに立ち戻った。幸福はもはや道徳性の意識にほかならず、それを「楽」と呼ぶのである。ストア的な思考でもそうであるが、この楽しみは、自分がその本性と一致し（「誠」）、その義務に従っている（尽心上九「尊德楽義」）ことに気づくことから生じる。ストア派にしても、孟子にしても、この楽しみは、人間にとっての唯一の「安らぎの場」であり、「正しい道」と結びついている。

また、どちらも、道徳的価値に関わらないもの、したがって自分の手の内にないものに対しては、「無関心である」べきだと考えている。孟子は言う。「自分の辿っている道を楽しみ、他人の権勢など忘れていた」（尽心上八）。さらに、孟子は王の顧問にこう述べた。「王があなたの才能を認めて雇っているなら、「満足」しなさい。またそうでないとしても、やはり「満足」しなさい（尽心上九「人知之亦囂囂、人不知亦囂囂」）。聖賢は平静で超然としており、権勢や富では満足できない（尽心上一一、二〇）。古の聖王である舜は、磨り減った靴を棄てるように、王座を捨てた（尽心上三五「舜視棄天下、猶棄敝蹝也」。滕文公上四も参照のこと）。そして自分の父を背負い、海辺まで逃げ去って、そこで終身楽しく暮らし、「天下のことを忘れた」のである（楽而忘天下）。

孟子にとっても、ストア派にとっても、人間の生は、より広い全体に組み込まれており、その段階になってはじめて、その真の次元を獲得する。ストア哲学者は述べる。人間たちの国を越えたところに世界という国があり、この普遍的な国が宇宙《コスモス》の国である。孟子もこう述べる。王の地位に就いた人は立派な顔つきに変わるものだが、ましてや「天下という広い住みかに住めば、なおさらである」（尽心上三六「況居天下之広居者乎」）。さらにまた、こうも述べる。大丈夫とは、天下を自分の怒りで震え上がらせる者のことではなく、「天下という広い住みか」に居り、「天下の正位」に立ち、「天下の大道」を歩む人のことである（滕文公下二「居天下之広居、立天下之正位、行天下之大道」）。

3　憂患に生き、安楽に死す

このストア的な退却は、個人的な生活だけでなく、国の命運という政治の次元にも関わっていく。小国の滕《とう》は大国の楚と斉に囲まれていた。その王が孟子に、確実に生き延びる最も良い方法は何かと尋ねた（梁恵王下一三、一四、一五）。孟子は答える。どちらと手を結べばよいかということなら、わたしの手に余ります。しかし、それ以外の解決策をということであれば、濠を深く掘り、城壁を高くするしかないでしょう。そして、国中の民と一緒にこれを守るならば、死に直面しても、「乗り切ることができます」（与民守之、効死而民弗去、則是可為也）。この答えは、うろんなものだ。孟子も、緊迫した状況に追い詰められると、徳さえあれば、敵対者の意気を挫き、勝利間違いなしとは答えられないのである。

そして、王は嘆く。力関係を重んじて、大国に力を尽くして事《つか》えても、圧迫から逃れられない。孟子は答える代わりに、古のある王の例を引いた。隣国の抑圧を受けていた王が、その土地を去ることに決めたところ、その仁を慕って、民も後を追い国を去った。しかし、その王は、先祖から受け継いだ土地を手放すよりも、去らずに死に直面すべきだったかもしれない。去るか、死ぬか、「選ぶのはあなたです」（君請択於斯二者）。とはいえ、孟子は徳の効力に関する希望の言葉を口にしてはいる。もしあなたが善をなせば、あなたの子孫に「必ず王者が出るでしょう」。始めた事業は、後世に伝えられ、「継続されるでしょう」（苟為善、後世子孫必有王者矣。君子創業垂統、為可継也）。

それでも、その最終的な帰結については、孟子は口を濁している。成功するかどうかは、もはや人間に因るのではなく、「天」に属している（若夫成功、則天也）、と言うのである。こうして、孟子の出した結論は、もはや、いつものような自信に溢れてはいない。「努めて善をなすだけです」（彊為善而已矣）。

天への懐疑

ここで孟子は天に言及しているが、ただし、それは以前と同じ意味の天ではない。ここでの天は、物事を調整する大いなる理というよりは、人間の運命を最終的な審級で決定する、宗教的で人格的な力なのだ。孟子は天をことさらに引き合いに出して、自分が王のもとに行けなかったことを説明した。魯の君が、孟子の講義を聴こうと出立の準備をしていたところ、宮廷のある陰謀家が難癖をつけたために、それをとりやめてしまった。孟子は言う。なるほど、人が「行く」時にも、それは他の人々がそうさせたのであり、止《とど》められる時にも、他の人々が妨げたのである。しかし、行くとか止まるとかそれ自体は、人の力を逃れている。わたしが魯の君に会うことができなかったのは、天がそうしたのであって、陰謀家のせいではない（行止非人所能也。吾之不遇魯侯、天也）。この反応は、誇り高いものであり、かつ謙虚である。というのも、孟子は、一介の下賤な寵臣に自分の政治的な企てが挫折させられるものではないと考えているが、またそれと同時に、自分の行ないがどんなに道徳的であっても、それが成功するかどうかは最終的には自分の手の中にはないとわかっているからだ。自分の無力を孟子が口にしたもう一つの例を見よう。それは、孟子が斉の宮廷で思うようにいかず、帰途についた時のことである。ちなみに、この逸話も、上に述べたエピソードと同様に、篇の末尾に置かれている（公孫丑下一三）。まるで、論理展開のどこにも収まらないものは、すべて終わりに置くように選択されたかのようである。つまり、理論に吸収しきれず、削除も統合もできないような、不確かで曖昧な残余が、終わりに置かれているようなのだ。(*) さて、このケースでの残余とは、孟子が味わった政治的失望という苦渋である。弟子が言う。先生はがっかりなさっているようですが、以前に先生からこう伺ったことがあります。君子は「天を怨まず」、「人を咎めず」、と。孟子が答える。「その時はその時で、この時はこの時だ」（彼一時也、此一時也）。これでは、経験の連続性が断ち切られて、孟子が切られたその両端を繋ぎ合わせられなかったかのようである。

（＊）『孟子』は自律した一連の章から成り、七篇に分かれているが、移行部もなければ、はっきりした繋がりもない。しかし、わたしはこう考えざるをえない。これら七篇は、ある決められた構想に従ってではないが、その観点や問いの内容に応じて再分類されたもので、ある種の整理（言及されている対話者や状況にばかり従っているわけではない整理）を経ているのではないのか。それゆえ、わたしは、こうした主題の連鎖や、不連続性を取り除くような隠された整合性の効果（もしくは反対に、ここでのように、見解が単に付加されているということ）を考慮するべきではなかったのか。だが、これには体系的な研究が必要であろうし、より広く、中国の古典籍すべてに加えられた幾つかのタイプの整理に対しても研究する必要があるだろう。『孟子』のような古代の確固たるテクストの一つに対してもなお、文献学者がなすべき仕事は残っている……。

あるいは、少なくとも、孟子は次の規則に対して何らかの例外を認める必要があったかのようである。すなわち、通常であれば、「五百年ごとに」、ある王がその才能を発揮して国を興してきたし、その間にも、多くの名をなした人々がいた。ところが、現王朝が建てられて七百年以上になり、通常よりも長く期間が超過していて、状況は今や一新される機に満ちている。ところが、何も起こらないのは、「天がまだ天下を治めようと欲していない」からだ。もし天が治めようと欲するなら、「今の世で、わたしをおいて誰がそれに協力できようか」（如欲平治天下、当今之世、舎我其誰也）。挫折したことによって、孟子は、その存在を容易に演繹でき、頭から信頼できていた内在的な秩序を、もはや確信していないように見える。自分自身の運命を疑うことで、孟子は事物の道理に不安を覚えるようになったのである。

天が与える試練

しかしながら、もう一度安心する手だては残っている（これまた、分類不可能だとして、篇の末尾に追いやられている。告子下一五）。それは、「天」が試練を与えるのは、わたしたちを鍛えて向上させるためだ、というものである。実際に、困窮した境遇から見いだされた立派な人たちが、数多くいる。天は、その人たちの心身を疲労困憊させ、窮乏に追い落とし、やることなすことうまくいかないようにしたが、そうすることで彼らの心を動かし、その資質を伸ばしたのである。天は彼らをその仁においてより感じやすく、試練に直面してより忍耐強くしたのだ。人は過つことで自らを改めることができるし、また、障碍に出会ってはじめて自分を乗り越えることができる。この教訓は、政治においても同様で、国内で代々の家と良い大臣の支持が必要なら、国外では敵国の脅威が必要である。そうでなければ、その国は、「恒」なる規則からして亡ぶだろう（入則無法家払士、出則無敵国外患者、国恒亡）。こうして、敵対関係（その国にとって否定的なもの）が、徳の効果によって、ただ解消されるべきものではなく、積極的なものとして認められたのである。

カントもまた、別のことを述べたわけではない。苦しみは「行動の刺激物」であり、それ無しには、人には「無気力が入り込んでくるだろう」（『人間学』第六〇節）。孟子も、ここで、人は「憂患に生き、安楽に死す」と結論づけた（生於憂患、而死於安楽也）。ヨーロッパの伝統が、ストイシズムとキリスト教という二つの源泉から汲み取って、苦しみには「良い使い道」があり、それは神の摂理の一部をなしているると述べてきたことに、終局において、繋がったわけである。それは、曖昧な表現ではあるが、突然心の奥をさらけ出した口調の定式である。それは、孟子が、自分の主張から後退して、傍白のように口にしたものだが、その中で、孟子は、西洋ではたえず探求されてきた、もう一つの解決策をあえて試みたのである。孟子はついに、プロセスの論理をひとまず脇に置いて、西洋では重きをなしているが、ここに至るまで孟子が考慮しなかった問いを立てたのではないだろうか。すなわち、生の「意味」の問いである。(*)

（＊）おそらく、中国思想の重要性の一つは、それが「意味」の問い、とりわけ「生の意味」の問いを考えなければならないということを、免れさせる点であろう。なぜなら、まず、中国思想はいかなる（啓示の）託宣も期待していないし、生を自然の秩序から切り離した上での救済など願わないからである。そのため、意味の問いがそこから（自由に）立てられる（そしてわたしたちを魅了する）断絶が、中国では生じなかった。あるのは、相当する効果だけであり、それを中国思想は忍耐強く解き明かす。次に、中国思想を支配するプロセスの論理は、あらゆる実在を、それぞれの傾向に従って移り行く流れとして、したがって、条件設定の結実として考えるからである。ただし、これはプロセスの論理の成果を考えることではない。実在の有する傾向が、その含むものに従って、自らの帰結に達するのである。また、それは目的・目標・モデルを設定するのでもない。プロセスの論理が向かう、行き先など無いのだ。

　中国では、その技法が良く発展している読解でさえも、意味の解釈ではない（中国には解釈学がない）。よく知られた隠喩によると、読解とは、テクストを心で「解読」し、「耽読」し、「味読」することなのだ。さらに、中国での読解は、理論的な構築、したがって仮説を立てる構築（意図的な行為）として理解されるのではなく、（習熟と体得の）プロセスとして生きられるものでもある。

第15章　道徳心は無制約者（天）に通じる

1　心を尽くして天に事える

　ここまでの孟子の議論をまとめよう。原則的には、徳が報われることは、不可避的なプロセスに属していることであって、経験においても検証される。しかしまた、徳が報われないということも、ストイックな無関心さで受け入れなければならない。こうして孟子は、不幸をも視野に入れるところにまで来たわけだが、それ以上進もうとはしなかった。しかしこれだけでも、王道による勝利といった道徳性の純粋な産物や、確実なその帰結として体系的に告げられてきた絶対者が、もはやこの世界においては保証されないことがわかったのである。絶対者は、もはや歴史の中には完全に現れず、最後に再び登場するのは計り知れない「天」なのである。

自由と形而上学

まさにこのことによって、孟子は西洋の哲学者たちと最もよく合致する。また、両者の間で開始した対話も、遡って正当化される。ニーチェがカントを「偉大な中国人」と呼んだことは、根本的にはそれほど誤ってはいなかった……。それは、どちらの結論も、わたしたちを無制約者に至らせるのは道徳心だけだと述べているからだ。カント思想のエッセンスがこの点にあることはよく知られている。この点で二つの批判、『純粋理性批判』と『実践理性批判』が繋がるのである。思弁的理性では、形而上学的であれ宗教的であれ、根本的な真理にまで達することはできないし、また、認識を客観的にとどめる（つまり、認識が対象を保持する）ために、わたしの認識を現象に制限しなければならない。しかし、そうだとしても、それはかえって、行ないにおいては、明らかに必要な道徳律にのみ自らを基礎づけるために、わたしはその条件である自由を意識できるようになる。そして、この自由は、原則からして自然のメカニズムの外にあるはずだから、そこから、別の因果性が働くもう一つの自然の必然性、すなわち可知的世界（真の世界）の必然性を認めることができるようになる。

カントが述べるように（『実践理性批判』一二五頁）、自由は道徳律の存在根拠であり、道徳律は自由の「認識根拠」（*ratio cognoscendi*）なのだ。さて、道徳律の経験から見いだされた自由は、それ自身が（神、不死を含んだ）別の世界を見せてくれる。また、自由は自然ではありえないため（そうでなければ、自由は自然の決定論によって否定されてしまう）、自然を越えて形而上学へと進んでゆかざるをえない。つまり、意志の自律の中でわたしが直ちに経験するところの、行ないの要請すなわち道徳律の要請から、超感性的な世界の存在が、認識されはしないにせよ、少なくとも客観的に明白になるのである。こうして、実践理性は、それが許可した諸要請によって、宗教における信仰を正当化するのである（少なくとも「たんなる理性」の限界内において）。

これは大きく見れば、ルソーにおいても同じである。ルソーの言う「宗教」が、ある時には理性に訴えたり、ある時には本能に訴えたりと、矛盾しているように見えても、カッシーラーが示したように、ルソーもまた、次の論証から出ることはなかったからである。すなわち、人間が自分の自由――意志の自由、最初は人格の自由――に気がつき、そこから神に向かって上昇できるのは、啓示される知識や、証明できるような理由によってではない。それは、人が官能の誘惑に屈することなく、善をなすことを選んだ時に覚える、自我の自発性の経験によってである。道徳的な確かさによってのみ、宗教的真理は判別される。そして、信仰が道徳の基盤となるのではなく、道徳が信仰の基盤となるのだ。しかし、それだけではない。それに加えて、道徳的な行ないによってこそ、いかなるドグマも気にかけずに、わたしは最も良く神に仕えることができる。新エロイーズが述べるように、「善く行なうことが、神の望む真の崇拝である」。

カントは以上のように、理性がその要請を事実としてわたしたちに付与していると して、道徳律から信仰を基礎づけることを主張したが、それでも、その思考から曖昧さを一切取り除くことはできなかった（ルソーは、なおさらである）。道徳律がア・プリオリな責務をわたしたちに課すとなると、それは、服従と強制に基づくわけだから、道徳律はかつて神の命令に帰していた役割をもう一度果たすことになりかねない。そして、幸福が徳の必要な補完物だと認めたとしても、その幸福に手が届くのはこの世ならぬ別世界においてのみだとすれば、カントは道徳を神学に再び依存させるに至ったのではないだろうか（カントは何とか神学を免れようとしていたが、神学はたえず、カントの行なった演繹をひそかに導いていたのだろう）。つまり、道徳的責務は理性の自律にのみ基づくが、それが報われる希望を考えると、天国という古い夢に戻らなければならないのである。

本性から天へ

以上とは逆に、孟子の定式はその単純さに驚かされる。孟子はこう述べるだけである（尽心上一）。「その心を尽くす者が、その性を知り、その性を知る者が、天を知る。その心を保持し、その性を養うことによって、天に事えることができる」。自分の心を知ることに始まって、絶対者（天）にまで至る。この上昇には切れ目がなく、一貫性が保たれている。羞恥や憐れみの反応により突然に現れてきた潜勢力を、その終端まで拡充することで、わたしは、自分のありうる姿を実現＝理解し尽くしていく（実現＝理解というのは、*realize* という動詞の二つの意味である）。そして同時に、わたしの生まれもった使命が何であるかを知るのである。

そこでわたしの本性の使命を知り、そこから帰結をたどっていくだけで、この本性の起源についても知ることができる。それが、すなわち、能産的自然としての「天」であり、実在の底無しの根元である。「天」は計り知れないものであるため、それを知り尽くすことはできないが、自分の本性を通じて、天の命令を知ることはできる（たとえば、孔子は、「五十にして天命を知った」と述べた。『論語』為政）。羞恥や憐れみの反応といった目に見える端緒は、経験の中に不意に姿を現すが、それとしては否定できないものであり、そこから糸を辿って遡っていくと、あらゆる経験の手前にある、無制約な基礎づけに至ることができる。逆に見ると、わたしの本性は、世界の大いなるプロセスの個体化したものにほかならず、わたしの道徳的反応は、それが直ちに現出したものである。だからこそ、この自発的な情動によって、わたしは、原理において現実を動かし、賦活してやまないものと、直接に通じ合うのである。

訳者解説コラム⑤　無制約者と天

カントは、他の何ものからも条件づけられない自律した概念を無制約者と呼び、具体的には、自由、不死、神を挙げている。無制約者の特徴は、それ自身が第一原因となり、因果関係の連鎖の起点となることである。さらに、この世にあるものは、すべて空間的‐時間的条件に支えられているため、無制約者とはなりえない。

こうした特徴から、著者は中国における無制約者として、天を挙げる。天は、万物を生み成し調整するもので、第一原因たるにふさわしく、また、すぐさま地上の理に転換されるとはいえ、それ自体は、この世界とは切り離されている。著者がニーチェのカント評、「ケーニヒスベルクの偉大な中国人」を慧眼だとするゆえんである。
ただし、カントの言う無制約者は、経験を超えたもので、わずかに想定することだけが可能なものだが、中国の天は、地上の理としてつぶさに経験することが可能なものだとされる。

さて、孟子の定式は自己完結していて全体的であり決定的であるために、最初から議論を降りている。それは金言のようにことばが磨きぬかれていて、対話の余地がなく、テーゼとして役に立つのでもなく、論証として有効なわけでもない（この点で、それは、哲学的言説とは違う、「智慧」の定式である）。しかし、それなのに、信仰に訴えることも、要請を必要とすることもなく、無制約者に近づく道を開くという、大きな効果を産み出している。したがって、この定式は、控え目であるからこそ、効果的に哲学に連絡するのである。[*] この定式によって、最も経済的に、恥や憐れみといった反応が垣間見させていた内在の道から、その超越的な基礎にまで遡行できるのだ（その際、中国では「性」が、カントやルソーの「自由」と同じ、仲介者的な役割を果たす）。また、この定式によって、どのような責務がわたしたちを、その超越に結びつけるのかを、実践的な観点から述べることができる。孟子は言う。「その心を現に保持し、その性を養う」（存其心、養其性）だけで、「天に事えることができる」。西洋の超越の意識がドグマや要請を不要とするのと同様に、ここでの天に対して払う崇拝は、どんな補完的な要請にも従わない。人は常に最初の忠告に戻っていく。思うだけで十分なのだ。自分の行ないによって、ただその心を現に働かせればよい。心を存していればよいのだ。

（＊）牟宗三は、中国思想のために次の比較を行なった。カントは道徳的神学から抜け出せなかったのに対し、儒教だけは真の人倫の形而上学（道徳的形而上学）を構想してきた。だが、(1)わたしは、中国に、本来的な意味での「形而上学」を認められない（なぜなら、カントが自由を考える際にそうしていたように、可感的なものと可知的なものとに世界を二分化することがないからだ）。また、二十世紀の中国の思想家たち、とりわけ馮友蘭以来そうなのだが、彼らは自分たちの思考の伝統を再認識させるために、それを西洋の用語で直接に表現しようという誘惑に駆られているが、このことにわたしは警戒している（というのも、経験の目印がなくなってしまうと、一方の枠組から他方の枠組への移行が、操作されるべきものになるからである）。(2)次に、ここで引用した孟子の定式は、中国の伝統において、道徳から超越への接近を基礎づけるものだが、カント的な証明と同じようには読めない。ここにあるのは、根本的な直観の解明であり、事分けた論証ではないからだ。両者の歩みを比較して、共通の問いのもとに編成し、そこから、両者を反応させて、互いに影響を及ぼすことはできる。しかし、それは最初から両者を同じ次元で考察することではない。

2 個別性を超えて広がる

それでも、孟子はここで正確を期している。問題なのは、単に「その心を保持する」だけではなく、さらに「その性を養う」ことなのだ。「天に事える」ことは、人が本性においてそうであるものを放棄するのではなく、本性の開花を条件としている。しかし、心を尽くすことによって把握されるわたしたちの「性」の原理が、道徳に関わっているにしても、その「性を養う」ことは、何によって正当化されるのだろうか。孟子の敵対者である、生を重視する学派（とりわけ告子）は、各人の気をできるだけ高めることに多大な関心を払っており、人為的にそれを束縛するようになる道徳的な命令に対しては、考慮しないか、さらには反対していた。それに対して、孟子は、彼らの願望に反論するのではなく、それを満足させるのは道徳だけだということを示そうとした。つまり、心を尽くすことによって道徳的に向上すると、無制約者にまで上昇できるだけではなく、わたしたちの人格にも影響が及び、それが十全のもの分になる、というのである。孟子は、それが「言い難い」と承知の上で、これこそが自分の教えの要諦だと見ていたのである（公孫丑上二）。

気を広げる

孟子の考えでは、道徳性は、気の邪魔をするのではなく、逆に、気を解放し、促進する。なぜなら、気は、利己主義によって閉じこめられると、その中で弱まっていくが、道徳性の効果を得ると、高まり、限りなく広がっていくからだ。孟子は言う。道徳性によって、気は、萎縮するのとは反対に、「至大」、「至剛」となる。だからこそ、道徳性は、わたしたちをストイックに不動にする。「直《ただ》しさによって養い、害されることがなければ」、波がたえず「広がる」海のように、気は「天地の間を満たす」に至る。気は、「道徳性と一緒にあれば」、溢れんばかりだが、そうでなければ、心に「不満足」があるわけだから、萎える（其為気也、配義与道。無是餒也）。もう一度、孟子は注意を喚起する。気の開花は、目的として立てられ、計画された結果として得られるような、目指された対象ではありえない。植物を引っ張って生長させられないように、人は気の開花を故意に進めることはできない。とはいえ、植物の周りの雑草を抜き取るだけで、その植物が自然に発育できるのと同様に、ただ「義を集める」だけで、気はおのずと開花する。さらに言えば、この帰結は、有利な条件設定をしておくことで間接的に得られるもので、孟子が述べるように、襲って「取」るものではなく（是集義所生者、非義襲而取之也）、変化して成熟するものなのである。

この事情が、「集義（義を集める）」という言葉を難解にしている。それは、全く字義通りでもないし、はっきり隠喩的でもなく、その本来の意味と比喩的な意味が同時に理解されなければならない。というのも、ここで問題にしているのは、気を拡充するに至る具体的な変化であるが、その元の意味はそうではないからだ（本来は、心の義《ただ》しさである）。かくして、「性を養う」と述べる時、人はこのデリケートな中間に位置している。すなわち、自然と道徳の交差点であり、移行的な段階であり、それ自体はプロセスの中で判別できない（したがって、言い難い）場所である。ここで、道徳的な態度が、自然的なもの（「気」という用語）に置き換わり、内面的な要請が、外の力に変わる。重要なのは、ただ道徳に従うことで、個別の道徳の次元（ショーペンハウアーは個別化のための形而上学を構想した）を乗り越えることである。

この変化を最後まで辿ると、無制約者も、もはや純粋な観念ではなく、感覚できるものになる。それは、神秘的な直観や、忘我によってではない。単に拡充の効果によってであり、そのエネルギーは道徳性から自然に与えられたものである。道徳的な人格は、その個別性の諸限界を越えて、無限定な者に開かれ、「天地の間を満たす」。あるいは、孟子が別のところで言うように（尽心上一三）、「上にも下にも広がり、君子は天地と流れを同じくする」。西洋において、この現象を最もうまく説明したのは、ルソーである。ここでルソーの定式が『孟子』の定式と触れ合うことに驚くことはない。エミールを躾《しつけ》るにはどうすればよいのか。それは、「彼の心にみなぎる力が働きかけることのできる対象、心をのびのびとさせ、他の存在者に広げ、自分の外の至るところで自分を再発見させる対象」を、エミールに与えてやるだけでよい。その反対に、「心を締めつけ、心を集中させ、人間の自我を緊張させる対象は、注意して遠ざける」べきである（『エミール』中、六九－七〇頁）。

テーマの立て方は、両者とも同じで、道徳的な人格を広げることは、その利己的な偏狭化と対立する、というものだ。その時、エミールは、「わたしたちを自分を越えたところに広げ、満ち足りていてなお余りある活動力を、他のところに差し向けるような、力の状態」を感じるだろう（『エミール』中、八一頁）。さらにルソーは、「あり余る感受性」とも述べているが、わたしには、それが、「浩然の気」という翻訳不可能な表現を、最もうまく表していると思われる。

道徳を掘り崩すことをあれほど喜んでいたニーチェまでもが、ここで合流する。そしてこれは、見かけほど意外なことでもない。ニーチェは「利他主義」を責めるが、それは、「利他主義」が、西洋のイデオロギー的な伝統において、「憐れみ」を損なってきた痛苦主義（苦痛の礼讃）に甘んじているからだし、良心（転倒した疚《やま》しさ）や、道徳主義の命令と拘束を強調しすぎているからである。しかも、ニーチェは、生の観点から見ると、「利己主義」もまた「誤りである」と認めているのである（『権力への意志』第四章第六一三節）。というのも、生そのものは、躍動して、無制約者に向かっているからだ。そして、無制約者は、可知的世界での抽象的な観念ではなく（この点でカントに反する）、経験されるものである（ここであらためて、ストイシズムに近づく）。ニーチェは続ける。「『我』と『汝』を乗り越えよ。宇宙的に感じよ」。少なくとも、この定式は、『孟子』に呼応している。

3　内在の果ての超越

「善」は、外から課せられ、本性を拘束し、それを萎縮させかねない規範ではない。反対に、善は本性に含まれ、内面的な成熟の出発点にある。本性は成熟することによって、無制約者に開かれ、開花に至る。これらのことを、孟子は、次のような段階を設定して、最も体系的に示した（尽心下二五）。「欲すべきものが、善である」（可欲之謂善）。欲することができるだけでなく、欲するのが望ましい、という「可欲」の二つの意味に注意したい。そして、「善を自分のうちに有する」と、人は「真正に」道徳的となる（有諸己之謂信）。すなわち、人は自分の道徳性を信じることができ、それが実際にその人の中にあるのだ。

最初の段階は、善が願望の対象にすぎない段階であり、次の段階は、人が実際に自分の行ないにそれを働かせた段階である。孟子は続ける。この道徳的な真正さが「充実」されれば、それは「美」である（充実之謂美）。さらに、外に光り輝くようになると、それはその個人の「大（立派さ）」である（充実而有光輝之謂大）。最後に、大の段階に達した上で、その人が「これを化する」と、それは「聖」である（大而化之之謂聖）。聖であって、「不可知」になると、それは「神（目に見えない霊力）」の次元と同じになり、天下を導くことになる（聖而不可知之之謂神）。

自然な超越

連鎖の出発点は、善が人の欲すべきものであるということだが、それは、善がわたしたちの本性の傾向に合致していることを呼び起こす。そして、連鎖の最後は、人間の理想が「化」することにあるということだが、それは、「聖」は本性から離れて別にあるのではなく、本性の自発的な刷新であることを理解させる。したがって、最初から最後まで、道徳は自然的である。孟子は、この両端の間で、道徳的な人格の成熟を説明したのである。つまり、善を単に欲するだけではなく、実際に善に専心して、それを行ないの中で働かせていくと、その後、連続した拡充が続いていく（「充実」、「光輝」、「大」という段階を経て、「聖」に至る）。孟子がこれらの段階を詳しく述べたのは、ある人物（楽正子）が何者かと尋ねられたからであったが、その人自身は、第一と第二の段階にとどまっている。孟子の見方からすると、こう結論づけなければならないだろう。その人は自分の行ない（上述した「義を集める」）に常には専念できなかったため、こうした成熟のプロセスが機能しなかったのである。

事実、注釈者たちは、次のような対比を主張している。つまり、道徳的上昇の出発点では、善を行ないに広げるために、一意専心して、努力を続けなくてはならないが、それに対して、最終の「聖」の段階では、もはや専念するものなどなく、全く「迹（痕跡）」が消えてしまい、「不可知」となり（朱熹「大而能化、使其大者泯然無復可見之迹」）、聖人は「目に見えない力」（神）によって特徴づけられるしかない、というのだ。ちなみに、ここで孟子が使っている「神」という語は、宗教的な伝統の中では、鬼神（死者の霊）の世界や、彼岸から来る力を示すのに用いられていた。だがここでは、宗教的な概念ではないだろう。というのも、人間を、少なくとも理想状態（聖人）にまで上昇した人間を、形容するのに用いられているからだ。したがって、「神」が目に見えないということは、ある効力が「迹」を残さず、目に見えないということである。出発点の善の段階では必要とされていた努力が、頂点に達し、完全な成熟にまで達すると、その反対物、すなわち自然なものに変わってしまうということだ。ちょうど、見習い修業に長い間専念すれば、最後には才能が花開いて、おのずと事が進むようになるようなものである。

そうなると、道徳の効力はもう判別できないし、限定できないのだが、それでもそれがもたらす諸効果は具体的である。わたしたちは、こうした効力が、政治面で発揮されるのを見てきた（範例的な王に帰される、誘因や波及の力）。孟子は言う。「君子は通り過ぎるところで化し、止《とど》まるところで目に見えない影響（神）を発揮する」（尽心上一三「夫君子所過者化、所存者神」）。したがって、上昇の最後で、聖人は他の人々を超越し、そこで計り知れない天に通じる。

だが、天に関わるこの超越は、何か根底的な外部性に属しているのではないし、原理的な他性を含んでいるわけでもない。その点、神に関して聖書が深化させた他性とは異なる。超越的に見えるだけなのだ。とはいえ、それは実在に対する仮象というわけではない。あくまで、この超越はわたしたちに内在するものであって、内在が尽くされて、絶対者になるのだ。中国では、少なくともその哲学原理においては、超越は、作動している内在の絶対化であり、その全体化にほかならない。そのために、聖人の計り知れない次元は、その完全な自発性とともにあるのだし、道徳的な成熟の果てに得られる超越も、自然的なものにほかならない。

先ほど、「大にしてこれを化する（大而化之）」と述べたが、この「これ」はすべてを含んでいる。「これを化する」ということで、聖人が他者を変化させるとも理解できるし、自分自身を変化させるとも理解できる（この究極の段階では、自他の区別はもう働いていない）。また、より字義通りに、表現を単純にその中で完結させると、聖人が「自分の大（立派さ）を変化させる」とも理解できる。つまり、聖人を聖人たらしめているものは、聖人がその「大」の中で不動にならず、それを一つの規範として固めず、それをモデルとして提示しないことであって、それを変化させ続けることなのだ。自然がそうであるように、聖人もまたプロセスの中に身を置き続ける。それゆえ、その「大」もまた、状況にふさわしく変化していくので、輪郭もないし、したがって、硬直もない。

ここで、孟子が形容できないとした、孔子のことが思い起こされる。孟子は孔子を形容できなかったわけだが、ただ一言、孔子は「時」だと言っている。孟子がそれ以上何も言うことができないのは、聖人の「大」が、その頂点に達すると、あまりに広大な効力を持つため、それが聖人の「功績」だとは誰も思わないからである（尽心上一三「王者之民、皞皞如也。……民日遷善、而不知為之者」）。どんな時も、物事の理と一体であるために、見分けられない。それは、最も単純であり、最もひそやかである。「聖人だ！」と自らを誇示しなくても、その立派さは明らかなのだ。

注

Ⅰ 憐れみをめぐる問題

(1) 孔子から孟子への系譜については、牟宗三『中国哲学的特質』、台北、学生書局、一九六三、二九頁を参照(「安」の否定的な意味については、『論語』学而一四「君子食無求飽、居無求安」、陽貨二一「夫君子之居喪、食旨不甘、聞楽不楽、居処不安」を見よ)。

(2) ショーペンハウアー『道徳の基礎について』。Trad, Auguste Burdeau, Le Livre de Poche, Paris, 1991, p.33. ／前田敬作、今村孝訳〈ショーペンハウアー全集第九巻〉、白水社、一九七三、二二三頁以下。

(3) 同。p.160. ／三二七頁。

(4) Victor Delbos, *Essai sur la formation de la philosophie pratique de Kant*(『カント実践哲学の形成についての研究』), Paris, Félix Alcan, 1903, p.117.

(5) Ernst Cassirer, "Kant et Rousseau", *Rousseau, Kant, Goethe*, Paris Berlin, 1991. ／原好男訳『十八世紀の精神——ルソーとカントそしてゲーテ』思索社、一九七九、三六頁以下。

(6) カント『美と崇高の感情にかんする観察』。Trad. R. Kempf, Paris, Vrin, pp.25-26. ／久保光志訳〈カント全集第二巻〉岩波書店、二〇〇〇、三三三－三三四頁。

(7) 前掲『道徳の基礎について』七二頁以下。

(8) 前掲『美と崇高の感情にかんする観察』三三三－三三四頁。

Ⅱ 性と生について

(9) この主張は世碩に帰されている。王充『論衡』本性篇参照。『漢書』芸文志の配列では、世碩は孟子以前の人物だとされる。

(10) A.C. Graham, "The Background of the Mencian Theory of Human Nature", The Tsing Hua Journal of Chinese Studies, 6/1,2 1967, p.215-. ／「孟子の人性論の背景」『清華学報』。

(11) グレアムが記すように、古代末期までは、この二語は文字としては区別されなかった。

(12) 『管子』第二六戒篇を参照のこと。この篇は告子の主張に極めて近いと思われる。

(13) この論争における斜めからの操作戦略については、拙著『迂回と接近——中国、ギリシアにおける意味の戦略』(Grasset, 1995) 第一一章を参照のこと。

(14) この章において用いられている推論のためのアナロジーについては、D.C. Lau, "On Mencius' Use of the Method of Analogy in Argument" (「孟子の議論におけるアナロジーの利用法について」), *Asia Major*, n.s., 10, 1963 を参照のこと。また以下も参照。I.A. Richards, *Mencius on the Mind* (『孟子の心性論』), London, Kegan Paul, 1932, p.43-, Chad Hansen, *A Daoist Theory of Chinese Thought* (『中国思想における道家理論』), Oxford University Press, 1992, p.188-.

(15) その証拠に、徐復観は『中国人性論史』台北、商務印書館、一九六九、一九二頁以下で、「主観性」と「欲求」という用語を用いてこの論争を説明している。

(16) 告子上四では、動機づけを言うのに「悦」という曖昧な字が使われている。ローやグレアムがそうしているように、これを「説」(説明する)の意味で取るのは誤りであろう。

(17) この(儒家以前の)古代中国思想の本質的な変化については、特に前掲『中国哲学的特質』一九頁以下を参照のこと。

(18) カント『たんなる理性の限界内の宗教』。Trad. J. Gibelin, Paris, Vrin, 1994, pp.65-66. ／北岡武司訳〈カント全集第一〇巻〉岩波書店、二〇〇〇、二五頁。

(19) 『荀子』性悪篇(『荀子』に関する参照はすべてこの篇からである)。

(20) 前掲『たんなる理性の限界内の宗教』。p.82-.／五五－五六頁。O. Reboul, *Kant et le problème du mal*（「カントと悪の問題」）, Montréal, PUM, 1971, p.105- も参照のこと。

(21) B・カルノワの研究、B. Carnois, *La Cohérence de la doctrine kantienne de la liberté*（「カント自由論の一貫性」）, Paris, Seuil, 1973, p.160- を参照のこと。リクールの発言は、*Le Conflit des interprétations*（『解釈の葛藤』）p.425 より。

(22) 前掲『迂回と接近』p.278- を参照のこと。

Ⅲ 他者への責任

(23) 二つでは、仁（人間性）と義（正しさ）、四つでは、仁義礼（礼儀正しさの感覚――倫理的に優れたものを尊敬できる能力）知（価値判断にふさわしい資質）。これらは仁の徳という共通の基礎から、常にそれと関わりを保ちながら、次第に分化したものである。宋の思想家たちは、仁以外の徳がすべて仁に帰することを強調した（『朱子語類』巻六「仁字須兼義礼智看、方看得出。仁者、仁之本体。礼者、仁之節文。義者、仁之断制。知者、仁之分別」）。

(24) 孟子は認識の問題に触れながらも、それを展開しようとしなかった。これについては、告子上一五に見ることができる。「感覚の諸器官は、思うことなく、外物に覆われる。物が別の物に出会うと、物はそれに引っ張られてしまう」（耳目之官不思而蔽於物。物交物則引之而已矣）。孟子は、これ以上、感覚がいかにして外物によって「覆われ」たり、「隠され（曇らされ）」たりするかを探りはしない。この章の観点は、厳密に道徳的であるからだ（わたしたちの中の最も価値のないものと、最も価値のあるものを対立させている。前掲『迂回と接近』第一一章）。認識批判という考えは、荀子（解蔽篇）や後期墨家に現れる。

(25) 牟宗三が、宋の思想家の分析を再び取り上げているのを参照のこと。『心体与性体』（二）、台北・香

港、正中書局、一九六八、二一八頁（『二程遺書』巻二上「医書言、手足痿痺為不仁。此言最善名状。仁者以天地万物為一体。莫非己也、認得為己、何所不至。若不有諸己、自不与己相干、如手足不仁。気已不貫、皆不属己」）。

(26) 世界への憂慮として、「憂」の肯定的な意義を強調することは、『孟子』に限ったことではない（とりわけ、『易経』「繫辞上伝」第五章「鼓万物而不与聖人同憂」を参照のこと）。また、それも『孟子』において体系的に行なわれたわけではなく、「憂」が「患」と対立せずに、結合されることもある（たとえば、『孟子』告子下一五「生於憂患、而死於安楽也」）。

(27) 前掲『中国人性論史』一五頁以下。前掲『中国哲学的特質』一四頁以下。

Ⅳ　意志と自由

(28) ルネ＝A・ゴーティエの言うように、「アリストテレスには、意志は存在しない」。なぜならアリストテレスにとって、「悪徳は知性の堕落である」からだと考えることもできよう。René-A. Gauthier, *La Morale d'Aristote*（『アリストテレスの道徳』）, Paris, PUF, 1958, p.81. しかし、そうだとしても、立てられた区別からすると、アリストテレスの倫理学は、意志の概念の到来を準備していた。この伝統の様相は、中国から見ればより明らかに理解できる。アリストテレスが創設した諸区別を、全般的に研究したものでは、Anthony Kenny, *Aristotle's Theory of the Will*（『アリストテレスの意志の理論』）, London, Duckworth, 1979.

(29) 前掲『中国人性論史』一七六頁。

(30) 同一八五頁。

(31)　徐復観『儒家政治思想与民主自由人権』、台北、八十年代社、一九七九、一一七頁以下。徐復観は、孟子の中に民主制の始まりがあることを何とか立証しようとしている。しかし、その論証はうまくいっていない。

解題——存在と道徳への問いなおし

一

本書におけるジュリアンの思考を、簡単に整理することから始めよう。確認しておくと、ジュリアンの問いかけは、道徳を正当化するのでもなければ、それを否定するのでもなく、道徳に対する問いを再び動かすことである。それは、道徳を基礎づけようとする欲望を歴史的に相対化して、西洋思想の形而上学的な枠組を批判しながら、同時に、もう一つの道徳の語り方を発明しようというものだと言ってもよいだろう。孟子が対話相手として召喚されるのは、ここにおいてである。

ただし、その召喚のされ方は独特である。ニーチェが、道徳を基礎づけるという哲学者の思い上がり（それは道徳への信仰の一形式であるか、道徳を問題にすることの否認である）をやめにして、さまざまな道徳を比較した方がよいと述べたことを、ジュリアンは高く評価している。それを受けて、彼は、ヨーロッパの概念と中国の概念を比較し、対話させることで、もう一度道徳の基礎づけ（ニーチェであれば「道徳の本来の問題」）を考えようというのである。したがって、ここでの比較は、互いを揺り動かすことによって、それぞれの問題系を構成している、先入見・動機、明証性を明らかにすることである。言い換えれば、比較をして安心するのではなく、自らの足場を崩されるような不安に陥らせるのである（以上、第2章を参照）。

そのために、ここで論じられる孟子は、それぞれの「わたしたち」の目に異形の姿で映ることであろう（ここでの「わたしたち」とは、西洋人でもあるし、中国人でもあるし、日本人その他でもあるが、わたしたち一般ではない）。それは、慣れ親しんだ意味での、「忍びざる心」、「四端」、「性善」を論じる孟子ではないからだ。

ジュリアンは、第1章で、犠牲に捧げられる牛が堂下を過ぎるのを見て、それを殺すのに忍びなかったという話や、井戸に落ちそうになっている子供を見て、惻隠の情を覚えずにはいられなかったという話を引用することから始めている。これらの話自体は、よく知られた『孟子』の記事である。しかし、ジュリアンは、それを教訓とするのではなく、西洋的な「憐れみ」の概念と比較することによって、存在者の個人横断的な特徴を明らかにしていく。つまり、忍びざる心は、反応＝反作用 *réaction* であって、他者から発せられ、わたしを内側から揺さぶる、情動（＝運動を起こすもの *é-motion*）横断的な現象である。それは、ルソーが孤立した審級としての自我を立てたために、憐れみを自己愛のヴァリエーションとしてしか説明できなかったことや、それを神秘としか言いようの無かったショーペンハウアーの論の立て方とは全く異なり、かえってそれらが陥った困難を解きほぐすことができる。つまり、他者の苦しみを直ちに感じて憐れむという現象は、西洋的な議論では、自己において生じるのか、それとも他者において生じるのか、あるいは相互主観的なものなのか、という仕方でしか問われないが、孟子の把握の仕方を通過すると、西洋的な問いの手前で、他者との「感通」という相互作用のプロセスを明らかにできるのである。

ただし、注意しておかなければならないが、ジュリアンはここで、中国思想を、性急に、西洋的な個人主義的な構図に対置しているわけではない。彼は繰り返し、中国思想は個人主義的なものではないが、個人性を否定するものでもないと述べている。考えるべきは、個人主義とは違う仕方で、どのように個人化がなされ、その際、如何にして他者（動物も含まれる）へ関連するかである（以上、第1章、第3章）。

ところで、この忍びざる心が感情であって、経験に属しているのであれば、カントが批判したように、そこには原則の普遍性が欠けており、義務によって行動したことにはならないのではないか。このような批判は可能である。しかし、逆に、カントのように道徳を経験から切り離すと、なぜ人が道徳の命法に関心を持つことができるのかが、最終的には説明できない。カントはここで、道徳律を説明するのに、再び宗教的伝統に訴え、神の命令を定言命法として世俗化しなければならなかった、とジュリアンは言う。

では、憐れみと義務、感情と理性、経験と経験を超えたものという、二項対立を免れるにはどうすればよいのか。ジュリアンはここで、忍びざる心を道徳性の端緒だとする『孟子』の定義に着目する。つまり、忍びざる心は感情であるが、この「情」は、道徳性の範例 *exempla* ではなく、その徴候 *indice* であり、経験の次元に姿を覗かせた「理」であって、最初から経験を超えたものと繋がっているのである。ここには「情」と「理」の対立はない。「情」の反応によって、わたしは意に反して、突然に、内在の根元に触れるのだが、それが道徳的命法としての人間の本性（「性」）である。そして、それは究極的には、「天道」という絶対者あるいは超越者にまで遡るのである（以上、第4章、第5章）。

なお、ここであらかじめ付言しておくと、内在と超越という問題系は、本文や注でしばしば言及されている、新儒家（伝統的な儒学思想を再構築し、一方で中国思想の独自性を確立し、他方で現在の普遍的な諸問題への寄与を果たそうとする中国哲学者たち）の議論の中に、一九五〇年代から登場している。その中でも、カントの三批判書の訳者でもある牟宗三は、「内在にして超越」と述べて、天道という超越と性命という内在を貫通させることで、カントのディレンマを突破し、「道徳的形而上学」を打ち立てようと試みていた。ジュリアンは、第15章の1節の注で、こうした牟宗三の試みに対して、世界を二分化しない中国思想には本来の意味での形而上学は無いと批判している。しかし、牟宗三自身が確信犯的に「形而上学」を中国思想に導入し、それを使い尽くそうとしている以上、ジュリアンと牟宗三の間、つまり内在の絶対化としての超越と、内在にして超越の議論の間の差異について、より踏み込んだ議論が必要であろう（なお、内在と超越という問題系に、新儒家がどのように取り組んだかについては、鄭家棟『断裂中的伝統――信念与理性之間』中国社会科学出版社、二〇〇一、なかでも第四章「「超越」と「内在超越」」を参照のこと）。

やや先を急ぎすぎた。孟子の言う性善について確認しておこう。それは善への性向が生まれながらに備わっているということであって（忍びざる心という反応が、それを示している）、人間が生まれながらにして善であるということではない。善の端緒を拡充して、それを行ないにまで広げていく努力が不可欠なのだ。したがって、この点で、荀子の批判は的を外している。つまり、それは孟子の性善を、生まれながらにそのまま善であると単純化したにすぎない。しかも、荀子は、聖人の人為によって性を化し、道徳を実現しようとしたが、それが聖人になぜ可能なのかは十分説明できなかった。ただし、荀子の批判をかわしたとしても、悪という問題は残っている。もし性善であるならば、なぜ人は悪となることができるのか(以上、第6章)。

これに対する答えはよく知られたもので、本来の性を失って堕落したからだというものだ。この点では、カントも、ルソーも、そして孟子も同様である。ただし、この堕落を原罪という人間の宿命ととらえ、堕落した現在の性から、本来の性に、キリストの仲介を経て戻るという西洋的なプログラムを、孟子は共有していない。人は、各人で本性を失うのであるし、本性を再発見するのも当人次第なのだ。必要なことは、「心を存すること」、すなわち自分の心を思い、それを現に保つことだけである。それは、道徳性を目標として立て、それに行為を強制していくような当為ではなく、本性の命法に順うことであり、それに合致することでしかない。行ないが状況に応じて適宜なされれば、それだけでそれは道徳的なのだ(以上、第7章)。

この当為と存在の一致を一言で言えば、それは「人間は人間的である」＝「人は仁である」ということだ。「不仁」であることを、中国医学では麻痺していることだとするが、そうすると、仁とは他者への麻痺した心から離れることだとも言える。忍びざる心を通じて、個別性に閉じこもっていた心が、他者との生き生きした繋がりをもう一度回復する。そして、政治的な治もその「連帯」によって保証されるしかない。こうして、存在と道徳そして政治が、内在の道を辿っていくと、等式で結び合わされる。しかし、その定式の上では、悪に対抗できないのではないか（以上、第8章）。

だが、それは中国と西洋とで思考の枠組が異なるからではないだろうか。たとえば、責任に対する考え方にしても、西洋では、人間は自由意志によって過ちを犯すことも、犯さないこともできたはずであって、罪責感や良心の呵責を感じることと責任は切り離せない。しかし、中国での責任は、この世界に対する憂い、すなわち他人に対する責務を十分に果たしていないという任務の責任である。前者は、神という大文字の他者である超越者に自らを開くことで、責任を形而上学の次元において深化させたが、かえってこの世界に対する責任を弱めた。後者は、道徳と政治を結合させることで、人間のいわゆる主体性を確保できたかもしれないが、他者との内面的で、無限の出会いにまでは至らない（以上、第9章）。

言い換えれば、中国思想には、意志と自由という概念が欠如している。キリスト教化された西洋で、意志は罪の経験とともに登場した。つまり、否と言い、神に背き、離反する力があるが、それが意志である。意志はその後、選択し決断する能力として、原因性として規定されていく。ところが、ニーチェによる意志の批判（インド＝ヨーロッパ語族に属する言語が、わたしたちを思考させているにすぎず、意志もまたその概念的な生態系に属するものである）以前に、中国思想にはそれに相当する概念が無く、それ無しで済ませていた。これは、人間を選択と行為というモデルで理解するのではなく、良い条件を与えた植物がおのずと生長していくというモデルから理解することである。すなわち、個人的な次元では欲望を減らし、社会的な次元では物質的な財を十分保証し、そして環境を道徳的にするという条件設定を行なうことで、植物が生長するように、おのずと良い結果が生じると言うのである。ここでもやはり、存在＝道徳＝政治であって、この三者は「自然的に」結合していく。ただし、これでは、悪を、とりわけ根源悪を考えることはできない。そもそも悪は、この枠組では存在し得ないからだ。ところが、無論、悪は現実にある。中国思想は、悪という困難を巧みにかわしているだけではないのか（以上、第10章）。

このことは、自由においても同様である。西洋では、選択し行為することができるのは、自由だからであり、自分を自由な原因であると想定しているからだが、中国では、先ほどの植物の生長のモデルにあるように、自然が理想であった。西洋では、カントにせよ、ルソーにせよ、世界を二つに分け、自然法則が支配する決定論の世界と、それと異なるもう一つの世界、すなわち形而上学的な（＝自然の後に／自然を超えて）世界を想定し、後者を自由の王国だと見なしている。そして、それに応じて、人間もまた、魂と身体に分けられた。ところが、それに対して、孟子は、こうした世界や人間の二分化を行なっていない。現実にあるのは価値の違いだけであって、本質の違いではない。必要なことは、この現実を具体的に引き受け、実践することなのだ（以上、第11章）。

そうすると、中国思想においては、道徳的であることは、この世界において正義が実現され、幸福がもたらされることにほかならない。徳こそ最も利にかなうものなのだ。ここでは、キリスト教のような別の世界における徳の補償など無い。あくまでも道徳の報いは内在的である。それをカント的な徳 *vertu* と、マキャベリ的な力 *virtu* の両立だと言ってもよい。孟子が、「仁君は天下に敵対者がいない」と述べるゆえんである。だが、なぜこの定式を主張できるのだろうか。それは結局のところ、何を基礎としているのだろうか。

ここでジュリアンは、孟子は天に訴えたと考える。ジュリアンが理解する天は、二つある。一つは、より古い宗教的な段階にある、世界を主宰する人格神としての天であり、もう一つは、それを哲学的に合理化したもので、しばしば「調整 *régulation*」という語で表現されている。レギュラシオンは、翻訳し難い語であるが、諸事象の衝突・相克・矛盾に規則を与えて、ある恒常的な調和をもたらす、調整作用としておおむね理解できるだろう。したがって、それに直接対応する中国語や日本語はなかなか見当たらないが、あえて言うなら、ここでは「道理」、「天理」となるだろう（なお、『中庸』をジュリアン自身が翻訳した際に、「中」をレギュラシオンとして訳している）。

議論を戻せば、孟子はこの後者の天に訴えていると言うのである。つまり、仁の行ないが十全に拡充されると、それは調整作用である天の道理に合致し、天のプロセスと一体になるから、最も強力だと言うのである。ここでもまた、道徳と政治の結合を、自然としての存在が支えるという構図が維持されている。ここで注目したいのは、この天が、内在の果てに見いだされた超越であると捉えられていることだ。世界を二分化していない以上、孟子はそもそも、内在と超越、地と天を、二項対立で捉えてはいない。両者は対になっているものであって、通底しているのである。そして、西洋的な超越者が立てられていない以上、超越的に見えるものは、内在が尽くされた姿なのである（以上、第12章、第13章、第14章）。

しかし、繰り返すが、どれだけ仁を尽くしても、どれだけ道徳的に振る舞っても、実際にはそれが報われない事例が限りなくある。要するに、道徳＝政治という等式を許さない、悪があるのだ。孟子はこのことに気付いていた、とジュリアンは言う。しかし、ここで孟子は、その不正を裁きによって償う別の審級を立てたり、内面化して主観性の領野を広げていくことで解決を図るのではなく、努めて善をなしたら、後は運命を俟《ま》つしかないという、ストア的退却を行なった。最終的な帰趨は天に任せるほかない。ここに至って、ジュリアンは、孟子の中に、古い意味での天が回帰していると見た。それは、ちょうど、カントやルソーが道徳の限界において、信仰を再び持ち出すのと同様である。しかし、孟子の場合は、こうした天から運命として下される命令を知るためにも、自分の本性を知る必要があるし、その天に事えるためにも、自分の心を保持し、性を養う必要がある。あくまでも、存在の次元から離れることはない。孟子は内在の道をひたすら守るのである（以上、第15章）。

以上、駆け足で見てきたが、そうすると結局のところ、孟子は悪に十分対抗できなかったとジュリアンは見ているようである。この点では、対話の相手であるカントにせよ、ルソーにせよ、たとえ依然として古い神学的な軛《くびき》から逃れ切っていないにしても、悪の問題に関しては、それをより深化させたのとは異なっている。中国思想が、存在=道徳=政治という等式に代表されるように、内在を徹底させ、自然的な次元に止まった、つまり超越に訴えず、形而上学的な次元を措定すること無しに道徳の基礎づけを試みたことを評価しながらも、ジュリアンは、そこに中国思想のいわば息切れを見ている。悪をそれとして考えるには、信仰と理性の対決、あるいは意志・神・自由という西洋的な問題系を通過せざるをえないのではないか。これは、とりわけ、存在=道徳という等式を疑うということでもある。

もう一つ、ジュリアンが中国思想の不徹底さを見ているのは、政治秩序に関してである。道徳=政治として、道徳の延長上に政治を置く中国思想の意義を評価しながらも、そこには政治秩序を法的に根拠づけたり、政治制度（何よりも民主主義）を発明するチャンスがほとんど無かったと考えている。「厳密な意味での法や制度がない。あるのはただ、権力の歯車（国家装置）だけである。そしてこの空白は、今日でもなお見て取れるのである」（第8章）と、その批判は手厳しい。なかでも、孟子が民意に天の命令の代理を見て取っていたのに、それを民主制度にまで展開できなかったことについては、孟子の道徳の自律的基礎づけの定式そのものの後退にまで関わると述べるのである（第13章）。

二

しかし、当然のことながら、事態はそれほど単純ではない。対話に参加してみよう。

まず、悪に関しては、たとえカントの根源悪の議論が、悪を自由意志もしくは自然的傾向性に基づかせることで、それとしての悪を考えることに成功していたとしても、結局、その解決策はジュリアンが指摘するように、やはり神学的な道具立てを再び持ち込むしかなかったのである。そして何よりも、二十世紀以来わたしたちが経験した絶対悪（たとえばショアーのような）に対しては、いずれにせよ届いていない。

また、中国思想の側でも、ここでは孟子が主に扱われているが、たとえば荀子の性悪の議論などは、ジュリアンとは違った仕方で読解することもできる。荀子の議論の大枠は、ジュリアンが整理したとおり、性はもともと利を求めるために、それに従うと争奪が生じて乱に至るために、礼や法という聖人の「偽（人為）」によって、外から人を化して、公共的な善としての治を実現するほかないというものである。それに対して、ジュリアンは、この議論には二つの弱点があると言う。一つは、性が悪だとすれば、なぜ外からの化を受けて、善を実現できるのか。つまり、善に向かう何らかの性向を想定しなければ、一切の善の可能性が無くなるではないか。そして、このことは荀子自らが認めており、この点では孟子と同じことになる。また、もう一つは、聖人の作為はなぜ可能であったのか、つまり、聖人の性のうちに、礼や法を構成する条件が必要であるはずで、荀子はそれに十分答えていない。

この指摘自体は、従来からなされてきたもので、格別目新しいものではない。そして、荀子をあえて擁護するなら、こうした批判それ自体が、性という本質に搦め取られたもので、制作や権力という別の次元を、性という存在の次元に還元していると言えるだろう。つまり、荀子は、性を立てる本質主義的な言説を批判して（言い換えるなら、存在＝道徳として、道徳を存在に回収する言説を批判して）、善の根拠を外部に求めようとしたのである。無論、外部といっても、それは天という超越的な審級ではない。荀子の営為は、天と人の切断にあり、ジュリアンの定義に従うなら、古い人格神的な天と内在の果てに見いだされる超越としての天の、いずれをも拒んでいるからである。したがって、その外部とは、人為という制作（*poiesis*）の次元である。それは、準－超越論的な次元と定義してもかまわないだろうと、わたしは考えている。なぜなら、それは、本性という内部に対置される実体的な外部ではなく（そのように理解するからこそ、この外部の次元がすぐに、内部に還元されてしまうのだ）、本性に対する差異であり、人間の行為の可能性の条件に関わる次元だからである。そして、そこで作り出される礼や法、または言語は、何も無から創造されるわけではない。「偽故を習う」（『荀子』性悪篇）とあるように、それは、古い作為を模倣することでしかなく、歴史的なものである。したがって、この創造的な伝承・伝達は、最初から他者との伝達可能性を前提している。だからこそ、荀子は、この次元において、君主の権力（「勢」）や、契約・約束を論じることができたのである。

無論、このように荀子を擁護するにしても、結局、荀子は聖人というスーパーマンの力に依存しすぎていて、それ以外の人々は、都合よく組み込まれているだけで、人為という制作の次元に見いだされた道徳の根拠が、十分共有されることはなかったという批判は免れないだろう。そして、この点では、孟子が取った内在の道をもう一度考え直す意義は十分にある。

とはいえ、そのためには、『孟子』というテクストだけを扱うのにとどまるのではなく、『孟子』を読解した後代の中国思想をも視野に収める必要がある。とりわけ、カントやルソーと同時代の中国思想との対話は欠かすことができないだろう。その中でも、カントと一歳違いの同時代人であり、清朝考証学の泰斗と目される戴震《たいしん》の『孟子』読解は重要である（以下の叙述は、拙稿「中国思想とニヒリズム――自然から必然へ」竹内整一、古東哲明編『ニヒリズムからの出発』、ナカニシヤ出版、二〇〇一に依る）。

その前に、明から清にかけて考究された、欲望の問題を瞥見しておこう。王学（陽明学）左派と呼ばれた思想家たちは、孟子的な内在の道を徹底していった。たとえば、王龍渓《おうりゆうけい》は善の根拠が性にあることを認めながらも、それは善だとも名付けられない、「無善無悪」、「至善」であるとした上で、そうした心の本体に復帰するには、良知によって「性を尽くすこと」だと論じた。つまり、「食色が生まれもった性であると知るだけでは、性が天に由来することを知らない。それでは欲望に流されて節度がないため、君子はそれを性とは言わない」（『龍渓王先生全集』巻三「答中淮呉子問」）と述べる龍渓は、食欲・性欲に代表される欲望を、そのまま性として肯定するのではなく、良知によって節度を得た欲望に変換した上で肯定しようと言うのである。「食を見て食を知り、色を見て好むを知ることは知であるが、良知とは言えない。良知にはおのずから天則があり、時に応じて適度に斟酌するので過ぎることがない。孟子は『口が美味いものを求め、目が美しいものを求めるのは性である』（尽心下二四）と言いながらも、しかし『命あり』と述べている。命を立てたのはまさに性を尽くすためなのだ」（同）。性はそのまま善であるのではなく、良知による判断を通じて、性を尽くすことによって、善に至るのである。

　もう一人、李卓吾《りたくご》もまた、道徳を欲望の上に基礎づけようとした。「服を着ること、飯を食らうことは、まさしく人倫物理である。それを除いて人倫物理など無い」（『焚書』巻一「答鄧石陽」）。しかし、その後にこう論じている。「学ぶ者は、ただ倫物の上で真空を知るべきであって、倫物の上で倫物を弁じてはならない。……明察して真空を得れば、仁義によって行なうことになるが、明察しなければ、仁義を行なうことになり、支離に陥って自ら覚ることはない」（同）。重要なことは、王龍渓と同様に、欲望をそのまま肯定するのではなく、欲望を明察することで、道徳的になることなのだ。明察無しでは、あらかじめ設定された道徳なるものを行なうだけで、決して道徳的だとは言えない（ちなみに、この「仁義によって行なう」と「仁義を行なう」の区別は、『孟子』離婁下一九にあるもので、ジュリアンもまた朱熹の注釈に従ってこの重要性に注目している、第7章）。

　どちらにせよ、単純に欲望を肯定して性善を主張するのではなく、知（さらには修養）を通過させる必要を訴えている。そして、戴震もまた、この議論を共有していったのである。戴震は孟子の性善を再び取り上げたが、その際に、性と性善を区別していった。「性は、飛潜動植に共通する名称であり、性善は人の性を論じたものだ」

(『孟子字義疏證』「性」)。つまり、性は動物や植物にも当てはまるが、性善は人間にだけ当てはまると言うのである。では、この違いは何であるのか。「心知の自然で、理義を悦ばないものはない。まだことごとく理を得て義に合することができていないだけだ。血気の自然により、それを審察して、その必然を知ること。これが理義である。自然と必然は二つの事柄ではない。その自然について、ことごとくそれを明らかにして、わずかの遺失もないのが、その必然である。こうであってはじめて憾み無く、安んじるわけで、それは自然の極則なのだ。もし自然に任せて失に流れれば、かえってその自然を喪失し、自然ではなくなる。だから、必然に帰して、自然を完成するのである」(同「理」)。

動物と人間、そして性と性善の区別は、結局、自然と必然の区別である。しかし、それは二つの事柄ではなく、必然は自然を完成した極則だと言うのだ。つまり、自然と必然は実体的な違いではなく、必然が自然にとっての差異として現れているのである。戴震は必然による自然の完成を、「拡充」とも呼んでいるが、そのためには、審察という知が必要である。だが、それはどのような知なのだろうか。

ここで戴震は、王龍渓と同様に、味わうことを持ち出した。「そこで『人は誰でも飲食する。だが、味のわかる人は少ない』(『中庸』第四章)と言う。飲食とは、人倫日用を譬えているのであって、味をわかることは行ないに過ちがないことを譬えている。もし人倫日用を捨てて道を考えようとすれば、それは味をわかることを飲食の外に求めることになってしまうだろう」（『孟子字義疏證』「道」）。ここにあるように、戴震は、カント的な意味での趣味的判断を求めたのである。ただ食べるのではなく、味わうことが必要なのだ。

こうした趣味的判断を、戴震は「権」という語によってパラフレーズする。「権は軽重を区別する方法である。その意味は、心が明察で、事情を弁別して準（平正）にまで至るということだ」（同「権」）。権は個々の出来事に対して判断を下し、それに正しい意味を与える力である。したがって、権は、軽重が千古不易に定まった「常」ではなく、軽重が乱れる「変」において適用される。ところが、世の中の多くの人は、誰もが認める軽重に固執するばかりで、実際には判断しようとしない。とりわけ宋儒は「理に固執して権が無い」（同）。必要なことは、理から始めるのではなく、具体的な判断から理に至ることだ。「人倫日用において、聖人は天下の人々の情に通じ、その欲を遂げさせる。これ（軽重是非）を権《はか》って分理を失わないこと、これが理という意味だ」（同）。

結局、戴震は、孟子的な内在の道を徹底していくことで、ある種の公的空間を切り開こうとしたと言ってもよいだろう。なぜなら、その都度の具体的な判断を下すことで得られる、理もしくは理義は、人々に共有されるものだからだ。ただし、繰り返すが、それはあらかじめ与えられたものではない。この限りで、それは客観的な公的空間ではなく、客観的な公的空間の手前で、それを可能にする条件として前提されるべき、主観的な公的空間である。具体的な判断が（主観的な）普遍妥当性を有すること。戴震の議論の成否は、ここに懸かっている。いや、内在の道を徹底する王学左派の議論にしても、それは同じことであろう。そして、これは、本書でジュリアンが言及しなかった『判断力批判』において、カントが存在（自然）と道徳（自由）の間に橋を架けようとした時に、趣味判断の主観的普遍性を一つの足掛かりにしようとしていた（『判断力批判』第一部第一編第一章第六節）ことと、同時代的に呼応しているのである。また、さらにはハンナ・アーレントがこのカントの議論を、政治的な次元に転換し、政治的公共空間の根拠として読解しようとした（『カント政治哲学の講義』浜田義文監訳、法政大学出版局、一九八七）ことを参照すれば、中国思想における「政治的なもの」を、ジュリアンの断定とは異なって、その可能性において読み直すことができるだろう。

その際、わたしが念頭に置いているのは、王龍渓や李卓吾より後で、戴震より以前の東林派の二人の士人、繆昌期《びゅうしょうき》と黄宗羲《こうそうぎ》である。たとえば、繆昌期は、「公論は人心の自然から出てくるもので、そうならずにはおれないようなものである」(『従野堂存稿』「公論国之元気」)と述べ、その「人心の自然」を、天子や公卿大夫ではなく、愚夫愚婦という一般の人々に求めた。そして、この愚夫愚婦には自らを表現する権力がないために、士大夫に代理される必要があると述べた。つまり、自然はそれだけでは何ものでもなく、権力が備わった公的空間を必要とすると考えたのである。

そして、次の黄宗羲は、それをさらに明確化していく。『明夷待訪録』の君主を論じた箇所で、君主の出現を、「生まれたその初めには、人々はそれぞれ自私自利であって、天下に公利があってもそれを興す者はなく、公害があっても取り除く者はいなかった。そこにある人が登場して、自己ひとりの利を利とせず、天下がその利を受けるようにし、自己ひとりの害を害とせず、天下がその害を免れるようにした」(同「原君」)と論じた。つまり、君主はもともと、人々に「自私自利」を存分に追求させるための調整装置だと定義したのである。ところが今では、その君主がかえって欲望の追求の邪魔をしていて、「自分の大私を天下の大公としてしまった」(同)。したがって、政治的権力をチェックするもう一つの公的空間が必要である。それが「学校」である。「天子が是とするものが必ずしも是ではないし、非とするものが必ずしも非であるわけではない。天子も自分だけで是非を判断せず、その是非を学校において公とする」(『明夷待訪録』「学校」)。こうした黄宗羲の民主思想は、二〇世紀初頭になってとりわけ注目され、中国のルソーと称されるほどであった。そこに、当時の中国の政治状況から来る誇張が認められたにせよ、「政治的なもの」に対する別の想像力が、中国思想史にあったこともまた確かである。

とはいえ、こうした「政治的なもの」が、その後の中国において十分展開されたかというと、否定的にならざるをえない。中国にも民主主義の萌芽があったと言うだけでは、自己満足の域を出ないのである。問うべきなのは、存在=道徳=政治という結合に導いてしまう、中国的な思考の根本的な枠組である。しかし、そのためには、西洋思想から、超越や意志もしくは自由というカテゴリーを借りてきて、揺さぶるだけでは十分ではない。それに加えて、孟子的な内在の道とは異なる想像力を読み取ったり(たとえば、荀子のように、この等号を切り離し、内在でも超越でもない次元を提示しようという試み)、孟子的な内在の道を別の仕方で徹底する(たとえば、戴震のように、この等号の意味を変更する)ことに注目する必要があるだろう。そしてそれが、再び西洋的な思考に跳ね返り、その枠組を揺さぶることになれば、ジュリアンが望む対話が、さらに続いていくことになるのではないだろうか。

この点で、つまり、中国思想の内側に刻まれた差異を見いだす限りで、日本からこの対話へ参加することにも何らかの意義が認められるだろう。しかし、実のところ、わたしはやや悲観的である。中国思想に対しては、すでにノスタルジックな興味か、単なる無関心しか示さないこの国において、そのようなことがまだ可能なのだろうか。中国の思考のアクチュアリティに迫り、そこで用いられた諸概念や思考の枠組を、実践的な方法として、「わたしたち」の現実にぶつけて使い尽くすことが、なおも意味を有しているのだろうか。フランソワ・ジュリアンの時代錯誤的に見える、「されど今さら」の実践は、ここにおいて、一筋の勇気を与えてくれる。

三

フランソワ・ジュリアンは、一九五一年生まれで、高等師範学校では古典学を学び、哲学の教授資格者であり文学博士である。ギリシア哲学を研究した後、中国思想に関心を寄せ、一九七五－七七年には北京と上海で学び、一九七八－八一年には香港に中国学フランス支部の責任者として赴任し、一九八五－八七年には東京日仏会館に在外研究員として滞在している。現在は、パリ第七大学の教授で、古典中国の哲学と美学を教授する一方、マルセル・グラネ研究所を設立し、その所長でもある。
著作は多数ある。

『魯迅、文と革命』(Presses de l’Ecole Normale Supérieure, 1979)
『暗示的価値——中国の伝統における詩的解釈のカテゴリー』(Publications de l’Ecole Française d’Extrême-Orient, 1985)
『過程か創造か』(Seuil,《Des travaux》, 1989)
『無味礼讃』(Philippe Picquier, 1991, réédition Le Livre de Poche,《Biblio》, 1993/興膳宏、小関武史訳、平凡社、一九九七。
『勢　効力の歴史——中国文化横断』(Seuil,《Des travaux》, 1992)/中島隆博訳、知泉書館、二〇〇四。
『内在の形』(collection《Figures》, Grasset, 1993)
『迂回と接近——中国、ギリシアにおける意味の戦略』(Grasset, 1995)
『効力概論』(Grasset, 1996)
『聖人は思わず——あるいは哲学の他者』(Seuil, 1998)
『外(中国)から考える』(Seuil, 2000)

『本質もしくはヌード』(Seuil, 2000)

訳者の知る限り、著者は近年では一九九八年一月と、二〇〇〇年一一月に来日している。九八年は、「一九九八 - 九九年　日本におけるフランス年」事業の一環で、平凡社から『無味礼讃』が出版されたのを機縁として、「東京国際ブックフェア98〝フランス年〟」に招待された。その際に、東京大学東洋文化研究所で行なった講演を、簡単な解題とともに、拙訳で「外(中国)から考える」(『思想』一九九九年二月)として発表したので、興味のある方はご参考までに。

なお、本書は、François JULLIEN, *Fonder la morale*, Grasset, 1996 の全訳である。ちなみに、原著は、一九九六年にジャン゠ジャック・ルソー賞を受賞している。翻訳は二〇〇〇年十一月の来日をきっかけに始めたが、訳者の力量不足と多忙のため、遅々として進まなかった。この状況を打開してくれたのが、共訳者の志野好伸さんで、怠惰に流れがちな訳者を叱咤激励してくれた。互いに下訳を作り、それを交換して検討するという作業を、何度繰り返したことだろうか。これは、字義通りの共訳である。しかし、中国語のテクストを、ニュアンスをつけてフランス語に翻訳し、それを大胆に展開する原著の息遣いを、日本語にどこまで表現できたかとなると、甚だ心許ない。読者諸賢の叱正を請う次第である。

最後に、本書が日の目を見るにあたっては、講談社現代新書の出版部長である上田哲之さんに本当にお世話になった。『事典　哲学の木』（講談社、二〇〇二）の構想段階からの不思議な縁だが、このような奇想天外な事典を作ってしまうほどの、その無制約な情熱と、寛容そして忍耐なしには、本書は成らなかったと確言できる。ここであらためて感謝いたします。

二〇〇二年三月二十四日　東京

訳者を代表して
中島隆博

講談社学術文庫のための解題

このたび、講談社学術文庫にフランソワ・ジュリアン『道徳を基礎づける』が収められることになった。新書として出版されたのが二〇〇二年であり、この間十五年が経過している。「道徳を基礎づける」という問いをめぐる状況もまた大きく変化した。それに触れながら、講談社学術文庫として再刊することの意義を考えて、あらためて解題を示したい。

一 ポスト世俗化の時代に

ユルゲン・ハーバーマスが「ポスト世俗化」と呼んだように、今日、世界的な規模で宗教復興が生じている。それは、近代の基本原理の一つである世俗化を問い直すものだ。宗教を公共空間から内面という私的空間に追いやったかに見えた世俗化が、再び宗教が公共空間に登場することで揺らいできた。また、世俗化がもともとは国家と教会の分離を意味していたことを想起すれば、「ポスト世俗化」は国家と宗教の関係を問い直していると言ってもよい。

とはいえ、「ポスト世俗化」は「世俗化」のただ中で生じていたとも考えられる。南原繁がその名も『国家と宗教——ヨーロッパ精神史の研究』（岩波書店、一九四二）で問うていたのはこの問題であった。とりわけ、その第四章「ナチス世界観と宗教」では、ナチズムにおける「ドイツ宗教とドイツ国家との結合」（二六一頁）を指摘し、その日本版である田邊元に代表される「西洋哲学との論理の交渉の上に世界的普遍性の関連において、新たに東洋思想を省みることにより、日本精神の固有性を確立しようとする試みと努力」（同、二六四頁）が「宗教と哲学と、そして国家との一大綜合」（同、二六九頁）に至ったことを批判していた。そして、それに対抗するものとして、南原は、カール・バルトのような「危機の神学」（同、二三六頁）、そして、自らの師である内村鑑三が唱えた「日本的キリスト教」を置いた（同、二七五頁）。それは、ナチズムのように国家の側から宗教を吸収するのではなく、宗教、しかも普遍性要求に貫かれた宗教の側から国家を基礎づけし直そうというものであった。リベラリストでありかつキリスト者であった南原にふさわしい抵抗であったと言えるだろう。

それと同様の動きは、鈴木大拙のような仏教者にも認められる。やはり戦争中に出版された『日本的霊性』（一九四四）において、大拙は「日本精神」から区別された「日本的霊性」を主張し、その普遍性要求から現状への批判を行なっていた。それは、戦後も継承され、「霊性日本の建設」（一九四六）や「日本の霊性化」（一九四七）といった論の中で、日本という国家の再基礎づけを行なおうとしたのである。こうした大拙の態度は、一方では戦争責任の回避と批判されるものであったが、他方で大拙が考えようとしていた国家は、ナショナリズムさらには超国家主義の枠組には還元できないものでもあった。

ところが、今日の問題は、南原や大拙が依然として訴えていた近代的な普遍が崩れかかっている中での「ポスト世俗化」である。それは、価値相対主義が徹底された後に、反転するかたちで登場した国家と宗教の絶対的な結合である。それを前にして、わたしたちはいかなる態度を取ることができるのだろうか。

一つには近代の再擁護であろう。近代の光と影を見据えた上で、「倫理的近代」（ロバート・ベラー）を擁護し、普遍性の要求を洗練する道である。あるいは、「普遍的普遍主義」（イマニュエル・ウォーラーステイン）のように、普遍主義を普遍化する道である。ただし、その場合、近代が唱えた普遍が、言説の権利を支配することで、ローカルなものを暴力的に取り除いたことをどう乗り越えるかが課題になる。

もう一つは、制度化された宗教というよりは宗教性というあり方を擁護することである。「ポスト世俗化」が問うているのは、公共空間に宗教が必要ではないかということである。しかし、世俗化が宗教戦争の後に議論されたことを想起するなら、簡単に元の道に戻るわけにはいかないだろう。その代わりに、制度化された宗教とは異なる宗教性を擁護する道が模索されている。それは、近代的な「宗教」に還元されないようなあり方であって、大拙が述べた「霊性」はその一つにあたるものである。

では、道徳はどうなっているのか。ここでようやくフランソワ・ジュリアンの議論に戻ることになる。

二　弱い規範

世俗化によって宗教が退き、その代わりに登場したのが道徳であった。ジュリアンは「道徳を基礎づける」という問いがヨーロッパで登場した背景を説明しているが、それはまさに宗教戦争後に啓蒙の哲学が問うた最大の問いの一つであった。とはいえ、啓蒙の哲学者たちが試みたような、道徳を理性に基礎づける道は困難を極めた。そして、イマニュエル・カントの『実践理性批判』における「神の存在の要請」がその典型であったのだが、最終的には再び宗教的な超越を要請しなければ、「道徳を基礎づける」ことはできなかったのである。

その後、道徳は国家と結合し、「国民道徳」もしくは「国家道徳」となる場合もあった。それは、さきほど見た国家と宗教の結合をひそかに補完するものであって、宗教の後の道徳という近代的な道徳の意義を失うものだ。では、今日において、道徳をどう考え直せばよいのだろうか。

ここでヒントとなるのが、ジュリアンが再定式化した孟子の議論、とりわけ「忍びざる心」の議論である。それは、理性ではなく、感情に道徳を基礎づける試みである。しかし、感情はつねに不安定であり、しかも他者に触発されて生じるという根本的な受動性を有しているために、道徳の根拠には弱いのではないかという批判に晒されてきた。この点をジュリアンは反転させて、それこそが西洋的な「憐れみ」の概念、すなわち孤立した審級としての自我に道徳の根拠を置く議論よりも、孟子が優れている点であるとしたのである。このことは本書で縷々述べられていた。一言で言えば、理性に基づく強い道徳ではなく、感情に基づく弱い道徳こそが、他者への通路を開くというのである。

この論点は、今日においても重要である。日本語訳『ハーバードの人生が変わる東洋哲学』(熊谷淳子訳、早川書房、二〇一六)が出たマイケル・ピュエット(ハーバード大学)は、感情に基づく弱い規範としての「〈かのように〉の礼」を提案し、儒家の議論を現代に蘇らせようとしている。伝統的な儒家の礼が最も問われた局面は、祖先祭祀の場面であった。祖先祭祀に関しては、『論語』八佾に「祖先を祭るときは、あたかもそこにいるかのように祭り、神霊を祭るときも、あたかもそこにいるかのように祭る」とある。ピュエットはそれを次のように解釈した。

孔子にとって、祖先祭祀はそれをとりおこなう人におよぼす効果という点で、おろそかにできないものだった。儀礼行為が本当に死者に影響を与えたかどうかを問うことは、まったくの的はずれだ。家族が供物を捧げる必要があったのは、祖先がそこにいるかの、よ、う、に、ふるまうことで家族たちの内面に変化がもたらされるからだ。

(マイケル・ピュエット『ハーバードの人生が変わる東洋哲学』五一頁)

「〈かのように〉の礼」は、一種の演劇空間を作り出すもので、いったん現実の世界から人々を引き離し、別の役割を演じることを通じて、自分たちの行動パターンを変化させるものである。それは、現実の世界にも何らかの効果をもたらし、よりましな関係性を築くように促す。したがって、祖先の神が実際に存在するかどうかは問題ではなく、まるで存在するかのように祭ることが重要になる。そして、「〈かのように〉の礼」には、祖先祭祀だけでなく、かくれんぼのようなごっこ遊び、「ありがとう」や「愛している」のような言葉のやりとりが、そのなかに数えられていく。礼という規範は実にささやかなものである。わたしたちは強い規範に基づいて一挙に世界を変えたいと思いがちである。しかし、そうではないのではないか。ピュエットの結論はこうである。

人生の脈絡や複雑さを凌駕する倫理的、道徳的な枠組みはない。あるのはわずらわしい現実世界だけで、わたしたちはそのなかで努力して自己を磨く以外ない。ありきたりの〈かのように〉の礼こそ、新しい現実を想像し、長い年月をかけて新しい世界を構築する手段だ。人生は日常にはじまり、日常にとどまる。その日常のなかでのみ、真にすばらしい世界を築きはじめることができる。

（同、七六頁）

必要なことは、日常における日々の絶え間ない礼の実践であり、それによって自らがよりよいものに少しずつ変容することである。それによって、わたしたちは、感情が豊かに広がった世界を手に入れる。

ここでピュエットが何としても退けようとしたのが、理性に基づく道徳もしくは規範という考え方である。それはカントの「人間愛から嘘をつく権利と称されるものについて」（一七九七）に極まるものだ。カントは、人殺しが友人を追いかけてきて、その友人を匿《かくま》った人が嘘をついてもよいかという状況でも、「「すべての言明において真実的（正直）であること」は、神聖な、無条件的に命令する、いかなる便益によっても制限されない、理性命令なのである」（〈カント全集〉第一三巻、谷田信一訳、岩波書店、二〇〇二、二五六頁）と断言していた。友人を匿っているかと聞かれたら、嘘をついてはいけないので、ここにいると答えるべきだということになる。このカントに対してピュエットはこう述べる。

純粋なカントの観点からすれば、困っている友人をどう助けるかといった問いかけは、倫理的な考察の出発点としてけっして有用とは見なされない。やっかいな論点があまりにも多いからだ。友人がかかえる問題の複雑さ、友人のもろさやほかに友人を支えている人の存在、友人が危機に向き合った過去の経験、この事態にかかわるすべての人の相反する感情などだ。

（ピュエット『ハーバードの人生が変わる東洋哲学』七〇頁）

カントは状況の複雑さを「倫理的な考察の出発点」にはしなかった。その代わりに、「抽象的で普遍的な法則を打ち立てようと」（同上）したのであるが、ピュエットはそれを「意味がないばかりか危険でもある」（同上）と退ける。そして、孔子を次のように導入する。

おそらく孔子なら、困っている友人を助けるためにできることは一つしかないと思い出させてくれる。こまやかな感覚を働かせて、友人がなにに本当に困っているのかを理解することだ。すべての状況は一つひとつ異なり、刻一刻と変化している。……いったんわずらわしい現実世界に出て、無数の役割と感情とシナリオをあやつってみると、どんな規範もなすべきことを正確に教えてはくれないことが理解できる。唯一の規範は仁だ。孔子にとって、仁を修養し実践することが、倫理にかなった人になるただ一つの方法だ。……礼によって身を修めるとは、いつ、どのように礼をつくり、つくり変えるかを習得することでもある。

(同、七〇—七二頁)

ピュエットによれば、カントの議論に代えて、孔子のように、仁と礼(この二つは一つのコインの裏表である)の実践を行ない、状況に根ざして対応することが、よりましな倫理的実践なのだ。

では、すぐさま孔子の議論に就くことができるのだろうか。わたしはこの点でやや悩ましく思うところがある。というのも、孔子の議論には問題含みのものもあるからだ。たとえば、次の議論はどうだろうか。

葉公が孔子に語った。「わたしのところに直躬という者がいる。その父が羊を盗み、子がそのことを証言した」。孔子が言う。「わたしのところの直なるものは、それとは異なる。父は子のために隠し、子は父のために隠す。直はそのなかにあ

る」。　　　　　　　　　　　　　　　　　　　　　　　　　　　　　（『論語』子路）

これはカントの議論と対極にあるものだ。カントであれば、父子が互いのために隠すことなど許されるはずもない。そして、近代の中国においても、こうした「封建的な」道徳は厳しく糾弾されてきた。しかし、もし状況や感情を考慮に入れるならば、この直躬説話に対しても別のアプローチができるかもしれない。実は、二〇〇二年ぐらいから、中国の哲学界でも、まさにこの直躬説話をめぐって論争が巻き起こっていた。その中心にいる郭斉勇（武漢大学）は次のようにまとめている。

近年の中国哲学界では孔子が論じた「父子互隠」や孟子の論じた舜および「愛有差等」の問題が論争となっている。こうした論争は儒家倫理の歴史とその現代的価値に対する判断に関わっている。儒家倫理は複雑なシステムであり、仁と義、仁と礼、仁と智といった徳目の間には張力のある按配がある。儒家の仁、義、礼、忠、敬、信といった徳目はどれも社会的、公共的なもので、公共生活及びその秩序の構築に用いられる。儒家は一貫して私恩と公義、公共領域と私的空間の区別を強調してきた。儒家の「仁愛」は普遍性と超越性を有し、道徳主体が涵養する道徳法則（理、義）は必ず絶対的な普遍性を持ち、あわせて、「愛に差等あり」という思想の本体論の基礎である。「父子が互いに隠す」の思想とそれと相関する法律制度は、まさに人権に対する尊重と維持を含んでいる。（郭斉勇「「親親互隠」、「愛有差等」の論争」、『江蘇社会科学』、二〇〇五年第三期、一頁）

郭斉勇は、父子が互いのために隠すという議論を、近代西洋的な倫理に変更を迫り、より普遍的な規範を提出するものとして積極的に評価しようとしている。他方で、それは倫理を決定的に損なうものだという批判も同時になされたのである（郭斉勇主編『儒家倫理争鳴集――以「親親互隠」為中心』、湖北教育出版社、二〇〇四）。孔子の議論をそのままの形では受け入れるのは難しいし、反対に、カントの議論も同じく受け入れ難い。その間で、わたしたちは考える必要があるのだろう。礼は変化しながら差異にかかわっていく。それは日常の微妙な差異に敏感であるということだ。その限りで礼は弱い規範ではあるが、同時に普遍性を失わないように目配りをしなければならない。何らかの形で礼が普遍に向かって開かれていく仕掛けを作っておかないと、ご都合主義的なものになりかねないからだ。古代の儒家の理論の中で、人は仁であるべきだというメッセージは、普遍的なものであろう。これに沿いながら、ピュエットとは違った仕方になるかもしれないが、礼という弱い倫理を普遍に向かって深めていくことが必要になるのだろう。

三　普遍化すること

普遍に向かうことの重要性について、先にウォーラーステインに言及したが、実はジュリアンもこの間、思索をめぐらせていた。二〇〇八年に出版した『普遍的なもの、画一的なもの、共通のもの、そして文化間の対話について』(Paris: Fayard, 2008) において、ジュリアンは普遍化可能であること *l'universalisable* と普遍化することと *l'universalisant* を区別することを提案する（一八三－一九〇頁）。すなわち、前者の普遍化可能であることは、可能性を問題にする限りで、真理・正統性・表象の次元に属しているが、後者の普遍化することは、フランス語の現在分詞という形式が示すように、普遍的なものを創造し産出するプロセスを示すというのである。普遍化可能であることは、あるパースペクティブのもとに比較可能なものを見いだし、それらの同一性と差異を分析しながら、より上位の審級との関係のもとに位置づけることに向かう。たとえば、類－種関係はその典型的な表象であろう。ここでは、普遍は最上位の審級として、可能性の極において登場する。しかし、こうした枠組では、可能性を欠くもの、あるいは可能性をはみ出すものを想定することは難しい。

それに対して、普遍化することというアプローチは、普遍との別の関係を示す。ジュリアンが挙げる例は人権である。歴史上、ヨーロッパにおいて「人間」と「権利」という二つの概念が螺旋的に抽象化され、その上で結合されることで、「人権」という新しい概念が産み出された。それは普遍的な概念となっていくのだが、もともと「人権」という普遍化可能なものがヨーロッパの思想にあらかじめ組み込まれていて、それが現実化していったわけではない。そうではなく、ヨーロッパの思想それ自体が変形しなければ、人権は普遍化していくことはなかった。また、それはヨーロッパの外で、植民地主義や帝国主義を通過しながら、鍛え直されることで、なんとか普遍化していったのである。そうすると、普遍化することは決してスムースなものではなく、たえず何らかの抵抗がつきまとう、ジグザグな道を辿るプロセスなのだ。

このことが道徳についてもあてはまる。すなわち、カント的な普遍化可能な道徳ではなく、普遍化する道徳を考える道を、わたしたちは取ることができる。それは、ジュリアンがしばしば述べていた、西洋と中国の相互変形を通じて開かれる道であろう。したがって、カントと孔子の間で、いずれをも相互変形しながら、感情に基づく弱い規範としての道徳を考える道を開いていくことが重要なのだ。

これを言い換えるならば、翻訳とそれに基づく道徳ということになるだろう。ジュリアンは翻訳に関して次のように述べていた。

しかし、いかなる言語において対話を行なうのだろうか。もし対話が間文化的なものであるとすれば。これが三角形をなしていると考えてみよう。つまり、文化はまず何よりも、（宗教やイデオロギーその他というよりはむしろ）言語からアプローチされるべきであり、その言語はすでに考えられたものだとしてみよう。この問いに対してわたしはパラドックスを恐れずにこう答えたい。対話を行なうのは、それぞれの言語においてであるが、他方を翻訳することによってである、と。というのも、翻訳は、対話に固有の作動しているという働きに範例的な仕方で関わっているからだ。事実、翻訳によってわたしたちは自分たちに固有の言語の中で、言語を再び練り上げている。これは、言語の隠された意味を再考しているという意味でもある。隠された意味を、他の意味の生起に開くことであり、すくなくとも他の分岐を考慮に入れるということである。翻訳はハンディキャップではなく、明晰さの障壁かつ源泉として（これはバベルの罰である）、複数の文化を相互に働かせるのに必要なのだ。わたしの目には、翻訳は、来たるべき「グローバルな」世界の唯一可能な倫理である。(同、二四八頁)

翻訳は来たるべき「グローバルな」世界の唯一可能な倫理である。もし今日普遍を語るのであれば、それは翻訳においてであろう。翻訳は決して二次的なものではなく、普遍化することというプロセスを有した一次的なものだと考えなければならない。それは、それぞれの言語を相互変形しながら、再び練り上げていくものである。

こうしたジュリアンの思考の背景には、ジャン＝フランソワ・ビルテールとの論争がある。ビルテールは『駁ジュリアン』(Paris: Allia, 2006) において、ジュリアンを厳しく批判した。すなわち、ジュリアンの議論は、中国を利用して、ギリシア哲学をもとにする西洋哲学を再構築しようとするオリエンタリズムであると批判したのである。それに対する反論として、ジュリアンは自らの議論を整理し、普遍化可能であることに対置して、普遍化することを構想した。すなわち、ロゴスや存在および想像力という西洋的な概念に匹敵しうるようなものを、中国思想に見いだそうとするのは、すでに普遍を西洋の側に設定し、それに向かって行くことであって、普遍化可能性の議論である。それは西洋中心主義的な態度であり、西洋哲学の表象体系に属している。それに対して、普遍化することというプロセスは、西洋哲学と中国哲学を相互に変形する翻訳の経験である。前者がスムースな比較であるのに対して、後者には抵抗がつきまとうことになる。

こうしたジュリアンの議論は、冒頭で論じた「ポスト世俗化」の問題にも深く関わる。というのも、それは西洋近代を単純には肯定も否定もしない道を開くからだ。ジュリアンの文脈において、近代を再考するとすれば、もしそこに普遍化することという、翻訳と相互変形のプロセスを見るならば、その限りで近代は倫理的であることになる。とはいえ、近代が翻訳と相互変形に開かれなければ、それはまさしく普遍化可能性に属した、暴力的な抑圧のプロセスになるのだ。「ポスト世俗化」の時代において、再び「道徳を基礎づける」ことを問うこと。それがもし翻訳と相互変形に開かれるならば、わたしたちはその行為遂行的な問いにおいて、弱い規範としての道徳のチャンスに触れることができるのだろう。

四　孟子ルネサンス

本書の内容についても再説しておきたい。『孟子』尽心篇に「その心を尽くす者が、その性を知り、その性を知る者が、天を知る。その心を保持し、その性を養うことによって、天に事えることができる」とある。これはジュリアンの孟子解釈にとって鍵となる文章である。ジュリアンは、これに関して、「この定式によって、最も経済的に、恥や憐れみといった反応が垣間見させていた内在の道から、その超越的な基礎にまで遡行できる」（本書、二九二頁）と述べていた。他者に触発されて生じる感情を出発点としながら、そこに垣間見られた善を拡充する努力の果てに、天が登場する。それは、内在の果ての超越ということである。この解釈が重要なのは、内在の道が陥りかねない自己閉塞を破る可能性を示している点である。すなわち、他者に開かれた感情と、超越的な天の両方向に、内在の道は通じている。

それを言い換えるなら、孟子が構想する道徳は、ひとりよがりに閉じた特殊な道徳ではないということだ。それは他者に由来する道徳であり、超越によって普遍性要求を突きつけられる道徳であるということだ。

このことは、孟子ルネサンスにおいて、繰り返し考えられていたことである。孟子ルネサンスの第一期はいわゆる宋明理学である。朱熹が『孟子』を新しい経書として、四書に組み入れたことによって、宋明理学は仏教に対抗する基礎を手に入れることができた。その中心になったのが孟子の「性善」という考えであって、再びこの世界に生きる人間に焦点が当てられた。しかし、それは同時に、孟子の内在の道をいかにして他者と超越に開くことができるのかという問いの始まりだったのである。朱熹は、「理」を導入してそれに答えようとした。つまり、「理」は「性」として人間に内在すると同時に、「天理」として人間を超越すると考えたのである。さらに朱熹は、「格物致知」という「物」の「理」を理解することによって、他者への回路を確保しようとした。王陽明は、朱熹のように素朴に他者を前提する道を批判し、より内在に徹していったが、それでも天への通路は保持していたのである。

そうすると、ジュリアンの読解は、一方で、感情に訴えることによって、朱熹と王陽明が苦しんだ他者の問題に答えるものであり、他方で、天をレギュラシオン（調整）の働きと捉えることで、実体化された天がもたらす難問（天と人をどう関係づけるか）を回避するものとなっている。

孟子ルネサンスの第二期は、以前の解題でも触れた、近代における新儒家である。そこでは、西洋近代がもたらした新たな超越、すなわちキリスト教の神、数学という宇宙を記述する言語に基づく科学、そして民主主義と、孟子の内在の道をどう繋ぐのかが問題になったのだが、結局はうまくいかなかった。これに対して、ジュリアンの読解は、西洋近代の超越それ自体を批判する可能性を開いた。西洋近代の超越は自我とのセットで考えられたかなり特殊な超越であって、自我という概念を揺さぶることによって、超越自体も考え直すことができる。とはいえ、超越を完全に手放す必要はない。なぜなら、超越 *transcendance* には *trans-* という横断的な運動が含まれていて、それは「普遍化可能であること」ではなく「普遍化すること」というプロセスに資するものだからだ。

ここで再び、翻訳こそが倫理であるというジュリアンの命題に戻ることになる。孟子が考えた「性善」は、当時の対話者との間で、概念（たとえば「性」）の翻訳において生まれたものであり、さらにジュリアンが啓蒙の哲学者と対話させることによって、その潜勢力が解放されたのである。必要なことは、「性善」という（結論であり出発点である）概念を掲げることではなく、「性善」を語り直し翻訳し直すという、行為遂行的な努力なのだ。ジュリアンの議論全体をそのような行為遂行的な努力として読み直すこと。これがわたしたちに求められていることなのである。

五　二〇〇〇年以降のジュリアンの著作

以前の解題では、二〇〇〇年までのジュリアンの著作を紹介していたので、ここではその後の主要な著作を紹介しておきたい。

『「時間」について――生の哲学の諸要素』（Grasset, 2001）
『大象無形、もしくは絵画の非オブジェ』（Seuil, 2003）
『タブローの影――悪、否定的なもの』（Seuil, 2004）
『生を養う――幸福から離れて』（Seuil, 2005）
『効力についての講義』（Presses universitaires de France, 2005）
『不言で語れるならば――ロゴスとその他の資源』（Seuil, 2006）
『途上にて、中国を知ること、哲学を問いなおすこと』（Seuil, 2006）
『普遍的なもの、画一的なもの、共通のもの、そして文化間の対話について』（Fayard, 2008）
『静かなる変化』（Grasset, 2009）
『理想の発明とヨーロッパの運命』（Seuil, 2009）
『吊り橋（きたるべき多様性）――国民的同一性に直面する文化的豊かさ』（Galilée, 2010）
『美　この奇なる観念』（Grasset, 2010）

『生きることの哲学』（Gallimard, 2011）
『思索に入る、もしくは精神の可能性について』（Gallimard, 2012）
『精神分析のための五つの概念』（Grasset, 2012）
『離隔と間——他性についての開講講義』（Galilée, 2012）
『親密なものについて——騒然たる愛を離れて』（Grasset, 2013）
『風景を生きる、もしくは理性の思考しえないもの』（Gallimard, 2014）
『存在から生きることへ——思考のヨーロッパ的・中国的語彙』（Gallimard, 2015）
『外に出て生きる——新しい倫理』（Gallimard, 2016）
『その人の近くに——不透明な現前／親密な現前』（Galilée, 2016）
『文化的同一性などない、しかし文化の資源は守る』（Éditions de l'Herne, 2016）
『第二の人生』（Grasset, 2017）

年に一冊以上の旺盛な執筆活動には驚嘆させられるものがある。そして、その重要なテーマは芸術と生そして親密さに移行しているのである。

最後に、講談社学術文庫化に際しては、上田哲之さんと共訳者の志野好伸さんに大変お世話になりました。上田さんは講談社現代新書に引き続いて、本書に再び命を与えていただきました。最後に、志野さんには、細かい訳文の修正をしていただきました。記して感謝申し上げます。

二〇一七年七月　金沢にて

中島隆博

本書の原本は、二〇〇二年、講談社より刊行されました。

フランソワ・ジュリアン（François Jullien）
1951年生まれ。フランスの高等師範学校で古典学を学び、ギリシア哲学研究の後、中国思想に取り組む。パリ第七大学教授。

中島隆博（なかじま　たかひろ）
1964年生まれ。東京大学教授。中国哲学専攻。

志野好伸（しの　よしのぶ）
1970年生まれ。明治大学准教授。中国哲学専攻。

講談社学術文庫

定価はカバーに表示してあります。

道徳《どうとく》を基礎《きそ》づける
孟子《もうし》vs.カント、ルソー、ニーチェ

フランソワ・ジュリアン
中島隆博《なかじまたかひろ》、志野《しの》好伸《よしのぶ》 訳

2017年10月10日　第1刷発行
2025年2月12日　第6刷発行

発行者　篠木和久
発行所　株式会社講談社
東京都文京区音羽2-12-21 〒112-8001
電話　編集（03）5395-3512
販売（03）5395-5817
業務（03）5395-3615

装　幀　蟹江征治
印　刷　株式会社ＫＰＳプロダクツ
製　本　株式会社国宝社
本文データ制作　講談社デジタル製作

ISBN978-4-06-292474-0

「講談社学術文庫」の刊行に当たって

これは、学術をポケットに入れることをモットーとして生まれた文庫である。学術は少年の心を養い、成年の心を満たす。その学術がポケットにはいる形で、万人のものになることは、生涯教育をうたう現代の理想である。

こうした考え方は、学術を巨大な城のように見る世間の常識に反するかもしれない。また、一部の人たちからは、学術の権威をおとすものと非難されるかもしれない。しかし、それはいずれも学術の新しい在り方を解しないものといわざるをえない。

学術は、まず魔術への挑戦から始まった。やがて、いわゆる常識をつぎつぎに改めていった。学術の権威は、幾百年、幾千年にわたる、苦しい戦いの成果である。こうしてきずきあげられた城が、一見して近づきがたいものにうつるのは、そのためである。しかし、学術の権威を、その形の上だけで判断してはならない。その生成のあとをかえりみれば、その根は常に人々の生活の中にあった。学術が大きな力たりうるのはそのためであって、生活をはなれた学術は、どこにもない。

開かれた社会といわれる現代にとって、これはまったく自明である。生活と学術との間に、もし距離があるとすれば、何をおいてもこれを埋めねばならない。もしこの距離が形の上の迷信からきているとすれば、その迷信をうち破らねばならぬ。

学術文庫は、内外の迷信を打破し、学術のために新しい天地をひらく意図をもって生まれた。文庫という小さい形と、学術という壮大な城とが、完全に両立するためには、なおいくらかの時を必要とするであろう。しかし、学術をポケットにした社会が、人間の生活にとってより豊かな社会であることは、たしかである。そうした社会の実現のために、文庫の世界に新しいジャンルを加えることができれば幸いである。

一九七六年六月

野間省一